给男孩的身体书

[美] 凯莉·邓纳姆 著　[美] 史蒂夫·比约克曼 绘
张佳昱　廖宗卿 译

中信出版集团 | 北京

图书在版编目（CIP）数据

给男孩的身体书 / (美) 凯莉·邓纳姆著 ; (美) 史蒂夫·比约克曼绘 ; 张佳昱, 廖宗卿译. -- 北京 : 中信出版社, 2020.9（2025.12重印）

书名原文: The Boy's Body Book

ISBN 978-7-5217-2042-6

Ⅰ. ①给… Ⅱ. ①凯… ②史… ③张… ④廖… Ⅲ. ①男性－青春期－健康教育－青少年读物 Ⅳ. ①G479-49

中国版本图书馆CIP数据核字(2020)第124783号

给男孩的身体书

著　　者：［美］凯莉·邓纳姆

绘　　者：［美］史蒂夫·比约克曼

译　　者：张佳昱　廖宗卿

出版发行：中信出版集团股份有限公司

（北京市朝阳区东三环北路27号嘉铭中心　邮编　100020）

承 印 者：北京启航东方印刷有限公司

开　　本：787mm × 1092mm　1/16　　印　　张：8.75　　字　　数：100 千字

版　　次：2020 年 9 月第 1 版　　印　　次：2025年12月第33次印刷

京权图字：01-2020-5037

书　　号：ISBN 978-7-5217-2042-6

定　　价：39.80 元

出　　品：中信儿童书店

图书策划：知学园

策划编辑：姜晓娜　韩晗　　责任编辑：温慧　　营销编辑：张超　李雅希　王姜玉珏

装帧设计：韩莹莹　　内文排版：王莹

序言

选择关乎命运

作为一名教育工作者，我非常喜欢这本《给男孩的身体书》。凯莉·邓纳姆用通俗易懂的语言，将青春期男孩的生理和心理特征实事求是地呈现了出来，从而帮助男孩们正确认识青春期的自己。在与世界各地的学生交流的过程中，我发现：他们需要有坚实的事实基础才能做出恰当的决定。年轻人的命运并不完全取决于机遇，而是取决于选择。

在过去30多年的工作中，我一直在与中小学生和大学生打交道，主要关注的是学生非法饮酒等问题。我发现，现在的年轻人承受着来自同龄人的巨大压力，有时候为了合群，不得不随波逐流。尽管已经有很多人付出了巨大的努力，但是非法饮酒等问题在美国长期存在着。不管我们说什么，有些青少年总是一意孤行。我认为，非法饮酒等问题，大都源自同伴压力。因此，我创建了美国反酒驾学生联盟（Students Against Driving Drunk，SADD）。

在联盟开展工作的过程中，我发现，非法饮酒等问题主要出现在年轻人当中，所以解决这些问题的关键也在他们自己身上。为了解决这个严重的问题，我们首先要从现象分析入手，逐步探究问题的根源。根据多年与青少年打交道的经验，我认为，青少年酒后驾驶的原因主要有两个：一是与父母沟通较少，二是每天都要面对同伴的压力，甚至因此做一些违背本意的事情。尽管我们下定决心要为孩子们提供一个健康的环境，但调查数据却表明，我们的种种努力并没有得到正视。但我相信，如果我们能为孩子们提供更多相应的真实信息，他们就能够在所掌握信息的基础上，更全面地考虑问题，从而做出负责任的决定。这意味着他们必须要自尊、自信、自爱，心理成熟并有自我管理能力，只有这样，他们才能接收并正确分析各类信息，避免做高风险的事。

《给男孩的身体书》话题广泛，内容丰富，可以为年轻男孩们提供正确的信息，帮助他们在人生旅途中做出恰当的选择。我希望所有阅读这本书的男孩子，都能更好地了解自己的身体，学会处理青春期的许多压力，从而更好地学习与生活。如果你家有即将迈入青春期的孩子，就赶紧和孩子一起读这本书吧。你们一定能从这本书中找到孩子们在成长过程中可能遇到的诸多问题的答案。这本书还有可能为你和孩子开启健康对话的大门，破解父母与青春期孩子间的沟通密码。

罗伯特·阿纳斯塔斯

（美国反酒驾学生联盟创始人）

目 录

第三章

朋友和感受

第四章

他们到底想让我怎样？家里也变了

第五章

不断变化的世界，不断变化的你

第六章

第七章

第八章

引言

人生大变化
就要来啦

在你生命的这个**阶段**，似乎一切都在悄悄地发生着变化！

你的**身体**正在变化。

你的**感受**正在变化。

你与朋友和家人的**关系**也正在变化。

这似乎让你很困惑、烦躁，不是吗？

当一个男孩逐渐长大，他就会发现跟成年人谈论他做过的事情变得越来越困难。原因可能是：

- 他可能会害怕提出一个自认为自己应该知道答案的问题；
- 他不知道用什么词语来恰当地向大人描述他身体的变化；
- 他可能会担心自己的感受是不正常的，如果被人知道自己的想法或身体正在发生什么变化，别人会嘲笑他。

虽然这些变化不怎么有趣，但100%都是正常的！

此外，不仅仅是处在变化中的你偶尔会在沟通上出现问题。你可能已经注意到，周围的成年人在谈论你的变化时，也经常会不知道如何措辞更好。以常理推断，大人们应该能够妥善地处理好这件事，因为他们经历过这个艰难的、“从孩子到成人”的转变。那么他们担心什么呢？其实他们担心的事情差不多和你担心的一样！他们可能担心没有获得所有准确的信息。他们可能仍然记得对自己来说，这段时间有多尴尬，因此觉得自己不能提出任何可以帮助你度过这段时间的建议。他们甚至可能也在担心自己没办法合理、坦然地描述身体部位和它们的变化过程。他们不清楚你可能会使用什么词，也会猜测你已经从自己的朋友那里或通过网络了解到了哪些信息。是不是和你的担心很相似？特别是，他们可能会担心告诉你的东西太多了。

因此，男孩和成年人在谈论这些事时都面红耳赤，断断续续，结结巴巴，这使得有用的信息很难互相传递。

这就是我们要写这本书的原因。

这本书有很多与男孩即将产生的变化有关的信息。我们希望它能回答你的许多疑问，让你面对这些变化时因为了解而坦然，不再那么困惑和害怕。

对于如何使用这本书，没有绝对正确或错误的方法。你是使它发挥最大效用的专家！你可能想要坐下来从头到尾一遍一遍地读。如果你觉得特别害羞的话，也可以找个独处的时间读。你也可以只阅读现在感兴趣的章节，然后把它放在书架上，直到对书中其他内容有更多的疑问时再拿出来继续阅读。如果你对这本书的内容不

小贴士

如果你不喜欢阅读（可能有很多人希望有人能开发一款“关于你不断变化的身体”的电子游戏），那你可以找一位你信任的成年人陪你一起读这本书。这样你们就把书里的内容变成了交流的起点，你们可以在阅读的过程中顺畅地讨论问题。

感兴趣或不想了解这些知识，没关系，你可以把书收起来，直到你想知道更多的时候再看！

这只是一本小书，因此，在这个令人兴奋，但有时也会令人困惑的人生阶段，它也无法回答你遇到的每一个问题。在这个时刻，一个值得信赖的成年人或许可以派上用场。如果书里写的东西对你来说没有意义，或者与你的经历不同，你可以与父母、老师、医疗服务人员或其他有责任心、值得信赖的成年人讨论一下。

虽然度过这段时间并不容易，但是你已经拥有了许多资源来处理即将到来的变化。你也已经从过去的经验中学到了很多。你有和你经历同样事情的朋友，还有许多关心你的成年人。所有这些都将使你的蜕变过程更加顺利。当你开始了从一个男孩成长为一个男人的重要转变时，祝你好运。

男孩说

我觉得和别人讨论身体很尴尬，所以我很高兴有一本这样的书。我以前会把这本书藏在抽屉的袜子下面，这样就没有人会发现它了。

——15 岁的丹尼

第一章

到底发生了什么事？

如果你是一个 8 ~ 12 岁的男孩，那么你可能已经注意到自己的身体发生了一些变化。这些变化表示你已经进入青春期，这是每个人从小孩儿变成成年人所经历的过程的总称。在这个过程中，有些变化来自身体，有些变化来自情绪。

青春期会持续好几年，虽然这个过程看起来似乎没有尽头，但大多数男孩会在 16 岁或 17 岁走完青春期这个人生过渡阶段。

关于青春期的那些事

在这个时期，你的身体将要经历一些看起来似乎有些神秘的变化，但它们基本上是由一件事引起的，那就是你的体内开始产生促进发育的激素。对男孩来说，青春期最重要的激素是睾酮；而让女孩进入青春期的则是雌激素。在接下来的章节中，你会了解更多关于睾酮的内容。

快速发育期

你可能注意到的第一个变化是你正在快速成长。在这个时期，有一些男孩会发现，在新学年初期还合身的衣服到了末期时就已经小了！很快，你的肩膀就会开始变宽，肌肉也会变得更加发达。

这个过程可能会让你感到疼痛，因为你的肌肉没有骨骼生长得快，它们被长长的骨骼牵拉，你就会感到疼痛。热敷可以帮助你缓解部分疼痛，当然，锻炼也可以。一些男孩很早就开始进入快速发育期，而另一些男孩则要晚一些才开始。所以，不要担心你是班上最矮的，或者觉得自己会无休无止地长高，你的身体总会长到最适合你的高度。

在体形和身高快速变化的过程中，你的胳膊、腿、手和脚可能比身体其他部位长得更快，这种现象可能会让人烦恼，也可能让人尴尬。但不久之后你身体的各个部位就会生长得很匀称。

小贴士

如果你担心在勃起的时候会被周围的人会注意到，你可以多带一件宽松的运动衫，在需要的时候穿上，遮住大腿。

哇，这是怎么啦?

许多男孩进入青春期后注意到的另一件事是，他们的睾丸（也就是产生精子和分泌睾酮的腺体）开始变大，阴囊（阴茎后面包裹睾丸的皮肤）开始变黑。如果你发现自己的睾丸变大了，那你应该也能注意到阴囊的皮肤开始变粗糙了。

你还会发现的另一件事情是，由于你体内的睾酮增多，你会有更频繁的勃起。男性在婴儿时期就能勃起，阴茎变硬并且伸长，这些都是正常现象。但是当这些勃起开始越来越频繁时（尤其是在没有任何原因的情况下），就会让人感到非常尴尬。其实，通常情况下，如果你不把它当回事，可能都不会有人注意到你勃起了。特别是当你和同龄人在一起的时候，他们很有可能会更加关注自己的身体，因此根本注意不到你身上正在发生的变化。

早晨的惊喜

还有一件会让男孩在青春期感到尴尬的事情，就是通常被医生称为“梦遗”，也有人称之为“湿梦”的现象。“湿梦”是指一个男孩在睡觉的时候，阴茎会流出一些精液（储存在睾丸里的黏性液体）。当这种情况发生时，有的男孩会记得自己做过什么样的梦，但也有人只是在醒来后发现睡衣或床单有一点儿湿润，其他的什么也记不得。

如果你事先不知道这一点，你可能会觉得梦遗很奇怪，甚至有点儿可怕。但梦遗是身体正常发育的一种现象。随着年龄的增长，它最终会消失。

有些男孩在发生梦遗时会感到尴尬，因为精液会在床单上留下印记。如果你有这种感觉，你可以跟父母商量一下，自己负责洗衣服和床单。我相信这样你会开心一点儿，因为你是唯一一个知道自己梦遗的人。当然，你的父母也会很高兴，因为这意味着他们的家务活可以少一点儿了。

我要变成狼人了吗？

不，你当然不会！青春期的一个重要变化就是你从未有过毛发的部位会开始长毛发。通常男孩最先注意到毛发突增的地方是阴茎上方。然后，下一个变得毛茸茸的地方是腋下，继而是脸（通常是嘴唇上方）。这是多么令人激动的时刻！因为它意味着你可以开始学习刮胡子了。最后，大腿和手臂的汗毛也开始浓密起来。在青春期阶段的其他所有重大变化都完成之后，身上一些地方长出明显或浓密的汗毛的情况还会再持续几年。有些男孩度过青春期很久之后才长出胸毛，甚至有些人 20 多岁才开始长，不过并不是所有的成年男性都有胸毛。

这是什么味道？来自皮肤的变化

你可能已经注意到（或有人告诉过你），在这个时期，你的身体开始散发一些不太好闻的味道了！这很正常，进入青春期后，皮肤中的汗腺会变得更加活跃，这会让你更容易出汗。同时，激素的变化也会使你的汗水产生与以前不同的气味，有可能比之前更加浓烈。

除此之外，你的皮脂腺也会分泌出更多的油脂，这是导致青春期出现痤疮（也叫粉刺或青春痘）的原因之一。对这个时期的男孩来说，痤疮和身上的一些异味是正常的，但是有一些方法可以帮助你保护皮肤，并减少这两种问题带来的困扰。

在下一章中，你可以找到更多关于如何照顾正在成长的身体的方法。

起起伏伏的情绪

你是否曾经有过这样的时刻：这会儿很开心，一会儿又变得很愤怒，但半小时后又突然感到很难过？如果有，就意味着你迎来了青春期最艰难的部分之一——情绪波动。

青春期的情绪波动至少有两个原因。第一个原因是体内激素的变化。你大概已经猜到了，又是睾酮在捣乱！第二个原因和你随着时间和成长不断变化的角色有关。

青春期是连接男孩和男人的桥梁，但有时，你可能会想不清楚自己到底是不是已经长大了。虽然你已经不再是一个孩子，但在你的内心深处，偶尔还是会想做一些小孩才会做的事情。而且，当你开始需要并且想拥有更多的独立权利和空间时，你却发现自己还没有准备好承担作为一个成

运动的时候出汗是健康的表现，所以如果你在一场激烈的篮球比赛后闻到一点儿汗味，不要感到尴尬，尽快洗个澡就可以了。

专家说

年人的责任。此外，你也会觉得没有人知道你正在经历什么，所以也难怪你表现得有点儿（或者非常）暴躁。

讲出你的感受也许有助于控制这些负面情绪。如果你很难敞开心扉，不要担心，每个人偶尔都会有这种感觉。去找一个你信任的成年人聊一聊吧！即使你无法说出口，相信他也可以理解你。

每个人都会关心别人怎么看待自己，在别人眼中自己的身体看起来如何，与别人比起来自己是怎样的。

专家说

你要知道的事

激素是帮助细胞相互沟通的化学传递者。每个人体内都有激素。控制男孩青春期的激素叫作睾酮；而对女孩来说，这叫作雌激素。

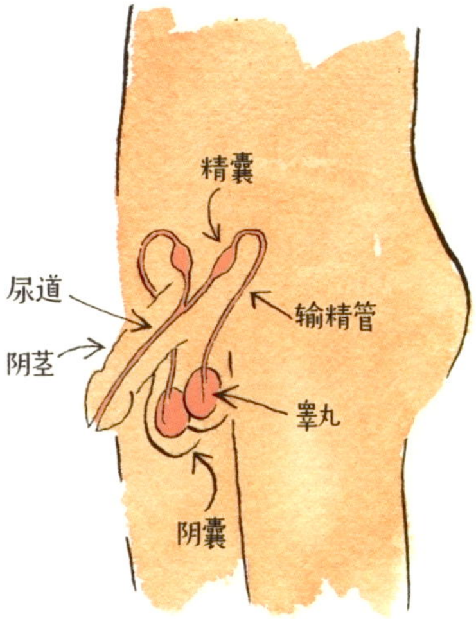

男性生殖系统是一个相当令人惊讶的管道系统。它由阴茎、阴囊、睾丸和尿道等部位组成。当你经历青春期时，你会注意到你的阴毛（阴茎周围和上面的毛发）在变长，你的阴茎也在变大。

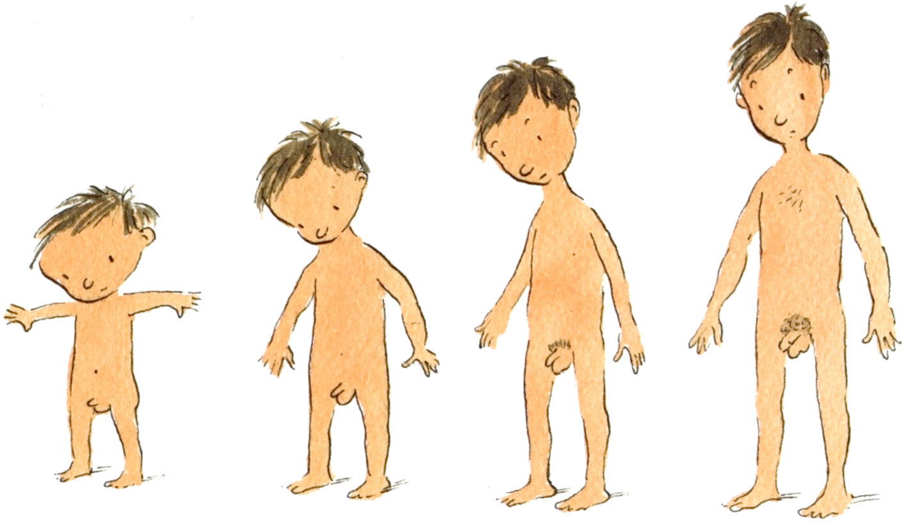

男孩说

有段时间，我觉得我的胸部看起来怪怪的，好像我的乳房正在生长。在夏天，本该去海边游泳的时候，我却因为自己的胸部感到非常困扰。我让妈妈给我找个救生衣穿在身上，才解决了这个问题。救生衣遮住了我的乳房，也让我不用涂那么多防晒霜。

——18 岁的罗比

咦，我长乳房了？

事实上，男孩的乳头下方的确有乳腺组织。超过一半的男孩在青春期中期会发现乳头下方有肿胀的现象。这一现象的医学名称是乳疬，这是身体中激素变化引起的正常反应。目前，还没有药物可以消除这种肿胀。但是不用害怕，肿胀通常会在 18~24 个月后自行消失。如果你感到特别担心，也可以和你的父母或医疗服务人员聊一聊，仔细思考一个适合你的能够减轻这种焦虑感的方法。每个男孩都有乳房组织，并且所有的男孩都有不同形状和大小的胸部。因此，你不需要看起来像健美杂志上的封面人物才算正常！

这是什么声音？变声期来了

你在 13~14 岁时，声音会开始变得低沉。我打赌你已经猜到原因了——这也是睾酮的影响。在这个时期，睾酮会作用于你的喉头，导致喉部变大，声带变长变厚。

对有些男孩来说，声音的变化几乎是瞬间发生的，似乎他们在某天晚上入睡前还在用男孩的声音说话，第二天早上就带着男人般浑厚的嗓音醒来。而对另一些男孩来说，在漫长的几个月里，他们的声音忽高忽低，有时音高切换得太快，甚至会有种破音的感觉。这种情况可能出现在你非常不方便的时候，比如，当你正在课堂上提出一个问题，或者你正要说到一个笑话的笑点时。幸运的是，变声期很少超过两年。记住，不是所有男孩都有低沉的嗓音！即使你的声音稍微高一些也是正常和自然的。要是有人告诉你，你的声音不是一个男孩或男人该有的，请你记住，这是你的声音，而你是一个男孩，所以很明显，这就是一个男孩的声音。

你要知道的事

在青春期，男孩的声带会增长，增长幅度最多可达到儿童时期的一倍，同时变粗。声带的振动频率也会降低。

快速回顾你的正常变化

● 首先，对自己身体的变化感到不确定是正常的。这也是我们要写这本书的原因——为了帮助你解决一些你可能会有的问题。

● 比你的朋友和你认识的其他男孩发育得更慢或更快也是正常的。因为每个男孩的身体发育和情绪变化都有自己的节奏。

● 对自己和人际关系感到不安是正常的。青春期对每个人来说都是一个非常混乱，有时候甚至是令人尴尬的时期。所以这个阶段感觉怪怪的很正常。

● 在说话过程中，声音突然破音等尴尬的事情发生在你身上是很正常的。在那个时候，你可能会认为这是你人生中最糟糕的事情，但几个星期或几个月后，你可能就会把它忘得一干二净。

● 拥有一个和你在社交媒体上最喜欢的健美明星、杂志上的人物，甚至是你在更衣室里看到的其他男孩都不一样的身体是很正常的。每个人的身体都和其他人的不一样！

● 想要生活有所改变也是很正常的。你正在成长，这意味着所有的事情都应该产生一点儿变化。

● 在你面对青春期的挑战时，向你的父母或其他成年人寻求帮助，这不仅是正常的，也是最理想的状态。

● 在一些意想不到的部位长出毛发是完全正常的。如果在某些你期望长出毛发的部位没有出现毛发，这也很正常。毛发可能再过一段时间才开始长出来，也可能根本就不长。

● 想要承担更大的责任，对生活有更多的掌控权，尤其是在生活看上去似乎有些失控的情况下产生这样的念头是正常的。这个时期正是人开始学习独立的时候，而你的行为恰恰决定了你在这个时期能够拥有多大的独立性。

所以不要急。这也许需要一段时间，但只要你耐心等待并相信自己，你会发现所有的变化都会将你的生活导入新的轨道。那时候你就会发现自己完全正常！

小贴士

写日记可以帮助你更好地控制自己的情绪。把这些感觉从你的头脑中拿出来，写在纸上，这可以帮助你更好地理解自己为什么会有这样的感觉。你不需要让任何人读（甚至不需要让任何人知道）这本日记。这本日记就是你的秘密。你可以在电脑上写，也可以买一个特殊的笔记本来记录你的想法。

第二章

呵护和滋养你不断变化的身体

当汗腺开始加班加点工作的时候，男孩们反而会对洗澡产生一种类似过敏的反应，这听起来像个笑话。如果你正在为要不要洗澡而和你周围的成年人进行斗争，那么请记住：虽然洗澡确实会占用你玩电子游戏的时间，但你正在长大，你的汗腺也更像成年人了，这意味着你会有更多的成年人才会有的体味。即使你自己可能分辨不出其中的差别，但你周围的人能够分辨出来。尤其是在学校，如果你有了“臭孩子”的绰号，那就很难再摆脱掉了。

你该洗澡了

做到每天或至少隔一天洗澡是你对抗“难闻气味”的首选方法。为了达到良好的效果，你应该清洗全身，记得要用香皂和沐浴露。香皂和沐浴露是洗澡时候的重要工具，但有时男孩会忘记使用它们。如果你觉得身体特别臭，可以在专业人士指导下购买有除臭作用的特殊香皂或沐浴露，这种香皂或沐浴露可以帮助你保持长时间的无异味状态。

你可能会看到一些身体喷雾的广告，这些广告宣称能让你闻起来感觉更好，甚至还能让你在爬上大楼、玩一段漂亮的滑板之后依然散发着清香。但通常情况下，那些喷雾气味都很强劲。这种强劲的味道甚至可能让坐在你旁边的人倒抽一口气或者产生窒息感。如果你真的喜欢这些喷雾的味道，记住，喷一点点就够了。此外，不要用喷雾代替洗澡。体味再混合身体喷雾的味道会变得非常难闻！

小贴士

晚上睡觉前洗个澡可以让你在早上出门时更迅速。但是，如果你特别担心难闻的气味在早上又出现，或者你和你的兄弟喜欢在晚上洗澡后玩闹一阵子，那么早上洗澡可能是你最好的选择。

洗洗你的手

洗手是另一个值得讨论的重要的个人卫生问题，而且你不需要完全弄湿自己就能洗干净！洗手不仅仅是个人卫生问题，你的双手会接触各种物体，这个过程产生的细菌还会让你和周围的人生病。有时在男孩看来，成年人对于洗手这件事似乎太过紧张，但这的确是非常重要的。如果你没有洗手就去吃东西，这感觉就像把你上次洗手后碰过的所有东西都放进了嘴里。（真让人恶心！）这并不是一个让人开心的假想，对吧？

在你上完厕所、抚摸小区里的动物，或者接触过身边正在生病的人之后，洗手更是非常重要的。

你应该已经知道怎么洗手了，但是大多数人洗手的时间都太短了。正确的洗手方法是使用流动的水和香皂或洗手液，搓手时间不低于 20 秒，同时不要忘记清洗指缝、指关节和大拇指。你可以使用计时器或者自己慢数来确保你洗的时间足够长。但有时污垢会藏在你的指甲缝里，软毛刷可以帮助你解决这个问题。经常修剪指甲也能让你的手更容易保持清洁。

你要知道的事

你的眼睛看不到细菌，你需要一个显微镜才能看见它们，但是你没法把显微镜带进浴室，也无法知道细菌在自己的手上还是脚上。事实上，你的体温加上汗液会使细菌迅速生长，所以经常清洁全身很重要。

润肤露：对每个人都有好处

即使你是男孩，也可以用润肤露。有些男孩在洗澡后需要使用润肤露来防止皮肤干燥、脱皮、瘙痒。你可以购买专门供男孩使用的润肤露，也可以去买不添加任何香味的通用型润肤露。在你刚刚淋浴完，身体还比较湿润的时候，涂抹润肤露会更加顺利。你甚至可能会喜欢上这种感觉。

整理好你的头发

大人们对男孩的头发要求很简单，只要保证经常洗头发就可以。如果你是油性发质，那可能意味着你每天都需要洗头。如果你的头发比较干枯毛糙，两三天洗一次就够了。

市面上有专门供男生使用的控油、去屑或滋润的洗发水，你可以根据自己头发的具体情况选一种。如果你的头发比较长或特别容易乱，你可以买一些护发素，在洗完头发之后使用。如果你的头发又长又粗，你可能需要每周做一次特殊的头发深度护理。

有些男孩会使用发胶给头发定型。有些发胶很容易洗掉，但有些就很难洗掉了，尤其是含蜡的发胶。如果你要使用含蜡的发胶，但你又不想在第二天早上醒来时拥有恐怖片里猛鬼般的发型，那你就必须每天晚上洗掉它。

当你听音乐时，如果耳机的音量调得很高，肯定会伤害到你的耳朵。当你戴着耳机的时候，如果别人都能听到你播放的音乐，那就说明这个音量太高了。也许你现在还不能理解耳朵的重要性，但等有一天你长大了，你会感谢自己现在把音量关小的行为。

专家说

我的宝贝耳朵

对于耳朵来说，最重要的一点就是：不要把任何小东西塞进耳朵里。所以，不要把棉签、笔盖、回形针这些你能轻易获得的小物件塞进耳朵里。如果把这些东西插到耳朵比较深的地方，就会伤到你的耳朵。如果你在洗脸或洗澡的时候注意清洗耳郭，就能让耳朵保持干净。还有，你需要常用毛巾来搓洗耳朵后部。男孩大多留短发，那么在耳朵后部这个区域积聚的污垢会非常显眼。

耳朵里的耳垢是有用的：它可以防止那些会对耳朵造成真正伤害的灰尘进入你的耳朵深处。虽然掏干净耳垢是一件很诱人的事，但你最好不要频繁地清理耳垢，因为也有可能会造成耳道损伤，甚至更严重的损伤和感染。为了能安全地清理耳垢，你应该主动问问大人或医生。

我爱眼睛

我相信，不需要我强调眼睛对你有多么重要。要知道，你现在正在用它们来阅读这本书！

关于眼睛，你要记住的最重要的事情是，如果你有视力障碍，马上去告诉你身边的成年人，这样你才能尽快得到科学的检查，知道眼睛的实际问题。那些很难看清近处东西的人患有远视，但大多数有视力障碍的人都是近视，这意味着他们可以看清离自己很近的东西，但是看不清远处的东西。

如果看东西有困难，你可能需要戴眼镜。生活中有很多人都戴眼镜，眼镜也有各种有趣的颜色和款式。虽然一开始戴眼镜的时候可能会感到不适应，但当你习惯之后，你会经常忽略它的存在！

如果你担心第一次购买眼镜时挑选不到合适的，你可以叫上朋友陪你一起去。当朋友在身边时，他们会给你信心和意见。

如果你已经佩戴了一段时间的框架眼镜，也许你会想要尝试一下隐形眼镜。很多男孩子会选择佩戴隐形眼镜，有些人认为它看起来更好看，有些人则觉得运动时它会比框架眼镜更方便。但隐形眼镜护理起来更麻烦，所以如果你想佩戴隐形眼镜，先和父母商议一下，看看这对你来说是否是一个好的选择。

为了抚平痘痘，好好洗脸

保护面部皮肤最简单的方法就是保持皮肤的清洁。当你洗手的时候，可以顺便洗把脸，但是尽量使用温和的香皂。此外，你还应该在出门之前涂好防晒霜，因为长时间的日照和暴晒会刺激你的皮肤，并引起其他皮肤问题。

男孩脸上的另一个常见问题是痤疮。你可能会好奇什么样的人才会长痤疮。答案是，几乎每一个人都会长！约九成的即将进入青春期和已经进入青春期的青少年都不得不面对这个问题。这看起来像是某种神秘的灾祸，但是你可以做一些事情来驯服“青春痘怪兽”。

青春痘之所以形成，是由于毛孔里的油脂过多，再加上微生物（比如

细菌）和死皮细胞的综合作用。洗脸可以在一定程度上帮助你减少青春痘，但也不要洗得太频繁。如果你一天洗三次以上或者像洗脏盘子一样用力搓脸，反而会刺激青春痘，让它变得更严重。

挑破或挤掉青春痘可能非常刺激，但千万不要这样做！这会刺激你的皮肤，引起感染，甚至可能在你的脸上留下永久性的疤痕。你可以在药店买乳膏来治疗青春痘。但请记住，你最好提前咨询皮肤科医生买哪种比较合适，并在购买后严格按照说明书使用，不要超过说明书上的建议使用量，过氧化苯甲酰和水杨酸（非处方痤疮膏中常见的成分）对皮肤有非常大的刺激作用。

如果你觉得自己已经无法控制青春痘了，那么我建议你尝试和身边的成年人谈谈，让他们带你去医院做进一步诊断。

记住，尽管你觉得青春痘长在自己脸上非常明显，但很多时候其他人都会忙于担心自己的青春痘，而无暇顾及你是什么样子。在你成功度过青春期后，你将会发现大部分（但不一定是全部）的青春痘问题都会消失。你需要做的就是坚持到那个时候。

帅，从展露一口好牙的微笑开始

随着年龄的增长，你周围的成年人要求你能更多地照料自己的生活，包括你的口腔卫生，说专业点儿是口腔护理。即使没有成年人在你身边监督你刷牙，为了在以后的生活中保持牙齿健康，你也该养成刷牙的好习惯了。

你会发现，身边可能有一些人（也许是祖父母）的牙齿已经掉光了，他们装上了假牙，并在晚上睡前把假牙从嘴里拿出来放进床边的杯子里。我们现在对牙齿保健的了解比他们年轻的时候了解得更多。因此，蛀牙导致的牙齿脱落不应是你成长的一部分。

为了让牙齿像珍珠一样白净，刷牙是你能做的最重要的事情。

选择刷毛柔软的牙刷，因为硬毛牙刷容易让牙龈受伤，带来更多的问题！此外，记住每3个月更换一次牙刷，因为使用时间过长，刷毛会被磨损，无法达到清洁牙齿的目的。更重要的是，牙刷使用一段时间之后，刷毛上就会开始生长细菌，所以刷牙相当于把细菌放回了嘴里！

不要忘记刷遍牙齿的所有表面：外侧（接触脸颊的侧面）、内侧和咀嚼食物的平面。刷牙的时候也应该刷一下舌头，因为细菌会隐藏在那里，让你产生口气！

记住，为了做到真正清洁牙齿，你需要刷2～3分钟，这比你想象的时间还要长。使用手机上的定时器可以帮你控制刷牙的时间，或者你也可以挑选一首 3 分钟长的歌曲，在你刷牙的时候播放。不过千万不要跟着唱——你很可能会咬到自己!

除了刷牙，你还可以用牙线清洁牙齿，牙线可以让你的牙齿和牙龈保持健康。用牙线清洁牙齿可以去除牙齿间的食物残渣，减少细菌滋生，有效避免蛀牙并且保持牙龈健康。

我一定要去吗？——连男生都害怕的牙科门诊

你可以做很多事情来保持牙齿和口腔健康，但你同样需要每 6 个月去一趟牙科，并且做一次系统的检查和清洁。在一些国家，许多家庭都会为家庭成员的牙齿健康买保险，用于承担随时都有可能支付的牙齿医疗费用。也有一些家庭虽然不会刻意为牙齿买保险，但也非常重视牙齿的保健。即便治疗的费用有些高，你都要为了牙齿健康及时就医。

不光是孩子，有些大人也不喜欢看牙医。如果你也是这类人，那么在去牙科之前，你可以问问为你预约检查的成年人，为什么要去牙科：你只需要每天刷牙，还是需要做更多的事情？当你到了牙科，在你张开嘴给牙医检查前，你可以请牙医向你解释一下接下来要做的事情。诊治的过程可能会让你感到不舒服，但提前了解那些会让你感到不适的事情，你会更有心理准备。充满惊喜的生日聚会可能非常有趣，但是坐在牙医的椅子上可谈不上有趣!

做好准备，应对牙套挑战

很多孩子都戴着牙套，甚至有些大人也戴。尽管牙套很常见，但听说自己可能需要戴牙套时，男孩们还是会紧张得汗流浃背。

通常戴牙套是因为有些人的牙齿是歪的，或者他们咬合有问题。这两种问题都会让牙齿更难保养。戴牙套不仅能让你以后的笑容看起来更美，还能让你的整个口腔更健康。

你可以问问你的牙医，应该如何护理牙套，应该避免吃什么食物，还有，如果你的牙套被掰断了，弯曲了，或者刺激到你的口腔内部，你应该怎么做。

长胡子了

你脸上最初长毛发的地方可能是嘴唇上方和下巴，但是长出来的毛发又细又软，像桃子上的绒毛。你可以剃掉它们。

事实上，没有任何医学依据支持你必须清除脸上的毛发，但是很多男孩都发现没有这些毛发会更舒服。如果你决定刮胡子，那么刚开始的时候，可能只需要隔几天刮一次，因为胡子不会长得那么快。

学习剃须的最好方式是和你周围的成年男性（或年长的哥哥）多聊聊天，让他给你展示应该如何剃须。对于很多男孩来说，第一次刮胡子是成为一个成年人的重要组成部分。

对付难闻的腋下

在对抗异味的战斗中，腋窝的味道很难消除，让人烦恼。你可以使用除臭剂，但不是每个人都需要除臭剂。

如果你真的为自己腋窝里的气味感到烦恼得不行，或腋窝里的味道真的影响到了你的日常生活，可以去找医生问问有没有更适合你的除臭剂或治疗方法。

小贴士

有些除臭剂会在你的衣服上或身上留下印记。这些印记在深色衣服上和你穿背心的时候特别明显。为了减少这些印记，你可以去找那些能做到“隐形”的干燥香体露。

第一次刮胡子

当你准备好第一次刮胡子的时候，最好让你的爸爸、哥哥或其他成年人一步一步地指导你。此外，这里还有一些小建议可以让整个过程更顺利。

首先，你需要选择一把剃须刀。剃须刀有两种：电动剃须刀和手动剃须刀。电动剃须刀需要插上电源，或者充好电才能使用，而手动剃须刀只用手拿着就可以刮脸。手动剃须刀的刀片比较薄，所以当刀片磨损时，你只需要扔掉它，换一个新的就可以了。事实上，有很多人认为电动剃须刀不如一次性剃须刀（手动）刮得干净。

如果你选择一次性剃须刀，那你还需要一些剃须膏或凝胶，并在剃须前把它们涂在脸上。这些剃须膏和凝胶有助于润滑脸部，降低划伤或割伤皮肤的风险。

最恰当的剃须时间是在洗完热水澡后，这时候你的胡子是湿润柔软的。

接下来就可以开始刮胡子了。

第一步：将剃须膏或剃须凝胶涂在你要刮的地方，揉出泡沫。

第二步：顺着你胡子的纹理刮，不要逆着纹理刮。逆纹理刮（或向上刮）会让脸上长皮疹或红疙瘩。

第三步：刮的时候别心急，也别用剃刀压着皮肤使劲往下推。这样做很容易划伤你的脸。轻一点儿刮，重复刮两次比用力按住刮一次的效果更好。

第四步：刮完胡子后，用香皂或洗面奶清洗脸部。

第五步：清洗干净后，用具有保湿功效的须后水进一步护理脸部，这

些措施都有助于防止皮肤干燥。如果你要出门，一定要涂防晒系数（SPF）至少为 15 的防晒霜。当然，如果你的皮肤白皙，可以使用防晒系数更高的防晒霜。

祝贺你第一次刮胡子圆满成功。你很快就会在这方面成为一个专家，因为这是许多人每天都在做的事情。

注意哟： 如果不小心将脸刮破了，不要害怕，用一支棉签按住止血即可。

你需要经常更换剃须刀或刀片。使用已经钝掉的刀片会刺激皮肤，引起皮疹。使用钝刀片也更容易划破你的脸。

好好洗脚，拒绝臭脚

虽然你可能觉得不需要花太多精力护理双脚，但是它们的确为你承担了一些最艰难的工作。所以，为了让你的双脚发挥最大的效能，你需要认真了解它们需要什么以及你可以为它们做什么。

你的双脚最需要一双舒适的鞋子。特别是当你处在青春期时，你的身体发育非常快。因此，每次购买鞋子时，你应该仔细测量你的双脚。你知道测量双脚的重要性吗？事实上，你的脚会以不同的速度生长，鞋子不合适会让你在穿着一段时间后感到疼痛。

脚非常容易臭。这是因为几乎每个人的脚都容易出汗。由于能够产生异味的细菌在潮湿和黑暗的地方生长得最好，所以你应该可以理解为什么有时候脱鞋是一种可怕的经历了吧。

脚部护理和身体其他部位的护理没有什么不同，但如果你真的想把脚洗干净，就必须多花点儿力气。洗脚的时候，一定要把每个脚趾分开洗，因为细菌会藏在缝隙里，洗不干净仍会产生异味。洗干净之后一定要把脚擦干净，还要记得每天换袜子。

一种常见的与脚有关的疾病叫作“足癣”，俗称“脚气”。足癣是由真菌引起的，它会让你的脚变得又痒又臭。如果你感觉自己的脚很痒，同时你的某一只脚或两只脚底部的皮肤看起来特别干燥（尤其是脚趾与脚掌衔接的地方），那么你可能得了足癣。当你第一次患上足癣时，可以用抗真菌的特殊药物来治疗，负责照顾你的成年人可以去药店买到这种药物。患上足癣之后，立即治疗是非常重要的，因为严重的足癣会扩散到你身体上更多的部位。如果你曾听说过股癣，那你就会知道足癣扩散之后会变得多么麻烦。如果这种抗真菌的药物不能祛除你的足癣，或者足癣已经扩散到你脚指甲或脚指甲附近的地方，那么你需要去医院，让医生给你一些药物进行治疗。

穿好你的衣服

每天洗澡有助于避免产生浓重的体味，但你也需要定期换衣服，这也能让你身上的气味好闻一点儿。不过，你没法光凭眼睛判断一件衣服是干净的还是脏的。例如，你在学校穿了一整天的 T 恤上面可能没有明显的斑点或污渍，但如果你闻一下腋窝那呢？好难闻的味道！

这就是为什么你需要把脏衣服和干净衣服分开放置。这种方法让你不用 “闻气味” 就可以判断它们的区别。事实上，“闻气味” 这种方式也无法让你完全确定哪件是脏衣服。

这样的我正常吗？

许多男孩都会为青春期产生的变化而感到困惑。你可能会担心，如果自己不能像其他男孩一样，在同一个时间段，以同样的方式改变，自己会不正常，你也可能害怕因为不同被他人取笑。被人说跟周围的孩子不一样真的让人很难受，但对于这些变化你也真的无能为力，一旦你的身体准备好了，它就会自动开始发育。

有一种方法可能会对你面临的状况有所帮助，那就是与父母或其他值得信任的成年人聊聊这些事。为了更多地了解你正在变化着的身体和随之改变的生活，你还可以参考与本书内容相关的其他书籍，或是在网上搜索一些有用的信息。

请记住，你是最了解自己身体的人，如果身体的某些变化看起来不对，或者让你觉得不舒服，那你应该马上告诉自己信任的成年人。你对自己的身体以及它的运作方式了解得越多，你和身体的关系就会越和谐！

还有一件事同样很重要，每个男孩的体形都不同，这是正常的，也是自然的。你可能不像你认识的某些男孩那样有强壮的肌肉，也可能比另一些男孩更胖一些。但你要记住，所有的身体都不一样，只要没有疾病，就不用为身体的一些与众不同过于担心。

吃健康的饭，健康地成长

你可能对那些健康饮食的知识不太感兴趣，但是早餐吃薯片，午餐吃饼干，晚餐吃糖果的饮食习惯并不正确。你要明白，在这个时期，正确的饮食对你来说非常重要。你的身体正在变得强壮，它真的需要可供自己生长的健康食物。你可以从营养丰富的早餐开始，试着坚持每天三顿都吃健康的食物。每餐都吃水果和蔬菜也会帮助你保持合适的体重，并让你在做自己喜欢而且有趣的事情时充满精力，在做必须要做但又无聊的事情时不至于无精打采。

如今，你每次打开电视，都有可能注意到一堆介绍新的减肥药、膳食模式、健身器材的广告。之所以有这么多的药物、模式和

男孩说

当我妈妈用大蒜和油炒菠菜时，它真的变得很好吃。我过去不觉得菠菜能够变得好吃，但是尝试之后，我发现自己很喜欢它！

——13 岁的内森

精巧的器材，是因为它们几乎不能长期有效。如果你担心自己的体形或体重，那么节食、吃减肥药肯定都不是最有效的方法。

相反，你需要的是摄入充足的营养和足够的热量，以帮助自己长得快、长得好。节食会使食物成为你的敌人，可是食物绝对不是你的敌人，这一点要记好。食物是燃料，学会在饮食方面做出正确的选择也是成长的乐趣之一。

你还应该记住，你和自己的身体是一体的，而不能通过对抗它来保持健康。能识别自己身体发出的“我饿了”的信号，知道自己觉得饿的时候是什么感觉非常重要。不是因为难过或无聊暴饮暴食，要在饿的时候吃东西，这能让你更容易地做出健康的食物选择。

此外，你可以试着根据吃了某些食物后的感觉来选择食物。例如，当你吃了薯片之后感觉好吗？你觉得自己精力充沛吗？如果你早餐吃的是燕麦片而不是甜甜圈，那么在学校里集中注意力是更容易了还是更困难了？当你吃了油腻的食物后，“青春痘怪兽”会攻击你吗？在练习前吃香蕉能让你在整个练习过程中不感到饥饿吗？如果在练习前换作吃巧克力棒又是怎样的感觉呢？

啊，让人又爱又恨的快餐

快餐简单、便宜、美味，更重要的是，它无处不在。作为当代人的一种饮食选择，快餐不会很快消失。但随着年龄的增长，你需要对自己负责，做出更健康的选择。同时，不要去想什么才是“好的”或“不好的”的食物。没有特定的好的食物或不好的食物，但有些食物无法很好地为你的身体提供能量，许多快餐都属于这一类食物。

● 有时候沙拉是快餐里面一个不错的选择，但要注意不要加太多的调料或其他非蔬菜类食物。这些食物不但不会给你的身体增加太多营养，还会给你的身体增添多余的热量。这就像在沙拉里放进一整个汉堡！

● 快餐都是经过高度加工的，换句话说，它已经与人们种植出来的食物不一样了。另外，由于它从很远的地方运输过来，并且被冷冻、罐装或袋装过，所以需要大量的防腐剂和化学物质来保持它的新鲜度，而这些防腐剂和化学物质会使快餐的营养大打折扣。

● 如果你不太相信快餐，并且爱吃水果，那就考虑多吃水果。

● 名字中含有“果汁”这个词并不意味着快餐中的饮料是健康的。小心里面的甜味剂，比如高果糖玉米糖浆，你的身体很难把这种饮料转化为能量。

● 考虑一下训练你的味蕾。的确，炸薯条很好吃，快餐中的炸薯条味道更是一级棒，不过这是因为在油炸之前，它们通常会被喷上糖。但是如果你养成了吃苹果的习惯，你也会觉得苹果和薯条一样好吃。

● 先从一些小的改变开始。如果你已经习惯在吃完一顿饱饱的快餐后，再喝一大杯汽水，那就从自带水瓶、拒绝汽水开始。当你坚持了一段时间之后，你甚至可以做到把薯条换成苹果。

运动时的健康饮食

下面是一些你出门后很容易买到的食物：

- 燕麦卷
- 坚果
- 苹果
- 脐橙
- 小胡萝卜
- 香蕉
- 椒盐脆饼
- 葡萄
- 饼干
- 奶酪棒
- 酸奶
- 麦片
- 全麦饼干
- 全麦面包

运动：锻炼肌肉的一种方法

当你还是个小孩子的时候，你会很自然地到处走动。如果你有一个弟弟或妹妹，光是每天看着他们跑来跑去，你都会觉得很累。然而，随着我们不断长大，我们开始花更多的时间在学校学习和家庭作业上，锻炼身体的时间越来越少。有时候，学生们唯一可以跑来跳去的机会就是利用短暂的课间休息时间。

团体运动是锻炼肌肉、保持身体活力和消遣娱乐的方式，但这并不是唯一的方式。有时男孩会有一种“要有某项运动特长”的压力，

有时候，父母在运动方面表现得比孩子差。所以，即使你周围的成年人对你要参加的比赛太重视或太计较，也尽量不要让他们的情绪影响到你。

专家说

拥有良好的体育精神是运动的重要组成部分，这其中就包括学习如何胜不骄、败不馁。

专家说

这种压力可能来自家庭成员、教练或朋友。对大多数男孩来说，运动似乎是让他们在学校受欢迎的唯一途径。擅长一项运动当然棒极了，但你的目标应该是享受运动。只有少数男孩能成长为职业运动员，但每个男孩都能享受成为团队一员的乐趣。下面是一些参加团体运动的好处。

- 你可以在团体运动中玩得很开心。
- 在团体运动中尽情锻炼自己，并为自己能突破极限而高兴。
- 你可以在团体运动中学习一些技巧，比如传球和运球，还能变得自信、自律，学会团队合作。
- 你可以在团体运动中交到新的朋友。
- 整天坐着积累的压力和被压抑的能量都可以通过运动释放。

请注意！赢得比赛并不是你参与运动的唯一理由。是的，赢得比赛很有趣，尤其是与输相比，但是如果太强调“赢”这件事，运动就会变得不那么有趣了。试想一下，如果让运动变得有趣的唯一方式就是赢，而一场比赛只有一个队能赢，那就意味着只有一半的选手能享受运动的乐趣。你会和一群朋友聚在一起看一部你明知道有一半人讨厌的电影吗？这对他们来说既浪费时间，又浪费金钱。如果运动的唯一目标是获胜，对参与者来说，它也是浪费时间和精力的事。

如果你很难接受输掉比赛，那么当一场比赛的输赢不仅取决于你的表现时，你就可以为这场比赛设定个人目标。例如，如果你是一名棒垒球比赛的外场手，你在赛场上的目标可以设定成抓住 80% 飞向你的球。但如果你很难帮助队友赢得比赛，也许你可以把目标定为发现其他球员的 5 个优点，并称赞他们。

有时成年人在体育运动中对孩子要求过于严格。虽然适当逼迫自己是好的，但是过度强迫你自己和你那正在成长的身体，容易给你的身体带来永久性的伤害。如果你感到压力太大，以致已经失去了运动能给你的乐趣，那么是时候和你的父母或生活中的其他成年人谈谈这个问题了。

运动安全

在体育运动中的确时常发生事故，但是你可以通过很多措施来预防它们。你能做的最重要的预防技巧之一就是穿上合适的防护装备。头部是非常重要的，因为里面安放着你的大脑，但头部也是身体最容易保护的部位之一：你只需要戴上运动头盔就可以了。但是要记住，让教练为你把头盔调整到一个舒适的状态，如果你的头盔有下巴托，一定要把下巴托扣上，否则，当你在运动中遇到危险时，你的头和所戴的头盔可能会被甩向完全相反的方向。骑自行车的时候也需要戴头盔。在某些地区，戴头盔甚至被列入法律，如果你在骑车时不戴头盔，负责照顾你的成年人可能会被追究

男孩说

当你感觉不舒服时，你必须告诉教练。否则，他无法及时把你从团队中拉出来，让其他状态还不错的人加入。

——12 岁的布兰登

责任。

对于某些运动（比如足球）来说，你可能还需要戴上护具。即使穿着它们会让你感觉不舒服，你也要坚持佩戴。不然的话，一旦发生意外，你可能会更加难受。

除此之外，同样非常重要的是保护你的生殖器。有两种装备可以保护你的阴茎和睾丸，分别是下体弹力护身（也叫护裆）和护杯。护杯是一块坚硬的三角形塑料，尽管它的名字里有个“杯”字，但它看起来一点儿也不像杯子，它通常放在你的护裆里面，保护你的生殖器不受到直接攻击，不管这种攻击来自其他玩伴（例如在家里练习橄榄球擒抱或躲藏），还是其他设备（例如球或者被甩过来的球棒）。当你赶时间的时候，可能会觉得既穿护裆，又戴护杯太麻烦了。但是，如果你曾经被一个球击中过，你就会知道，即使你戴着护裆也会很痛。而如果没有护裆，你就会面临永久性伤害的危险。如果更衣室里的其他男孩对你穿护档或戴护杯有意见，你可以直接告诉他们管好自己的事就行了。你也可以到厕所或淋浴间去调整装备，这样

私密部位就不会被别人看到。可以在你的防护装备外面穿一条宽松的四角裤，这样就可以不用担心不美观了。

运动时另一种防止受伤的重要方法是在运动开始前先热身和伸展四肢。热身和伸展运动可以唤醒你的肌肉，让血液流动起来，这样你就可以在不易受伤的状态下发挥出最佳水平。对于不同的运动，你需要集中精力对不同的部位做伸展运动。你可能不知道如何进行伸展运动，没关系，你的教练可以告诉你。如果你正在做一项不需要团队或教练的运动（比如跑步或玩滑板），那你就必须自己做关于伸展运动的研究。你可以向那些在伸展运动方面有经验的人寻求建议，也可以搜索运动相关的网站获得更多信息。

在运动时保证安全的最后一条建议是，受伤了就停止运动。人们很容易被一场决赛或势均力敌的比赛所吸引，并且完全投入进去。但是如果你已经受伤了，坚持比赛可能会把一场不那么严重的小伤小病变成一种可能会长期困扰你的病痛。因为你一生都需要靠自己的身体做事，所以不值得为了一场比赛给它造成永久性的伤害！如果有人在你受伤的时候要求你去比赛，拒绝就好。你在受伤时退出这场比赛，不仅仅是为了你自己，还将帮助你的整个团队做到最好。

坚持运动，但不仅限于团体运动

小孩子都会到处走动。然而，一旦孩子们开始上学，每天久坐甚至会超过 6 个小时，走动的频率自然就会降低。通常情况下，孩子们只能在短暂的课间休息时间里跑来跳去。但更糟的是，随着孩子们年龄的增长，那些有组织的运动成为户外活动和体育教育中越来越重要的一部分，孩子们失去了自由活动的机会。有时，除了运动员或体育运动爱好者，其他孩子不再喜欢运动，而更加喜欢静静坐着，这是不健康的。事实上，团体运动绝对不是你享受身体和保持健康的唯一方式。

即使你并不是一个篮球巨星，也有如下很多方法可以让体育活动成为你生活的一部分。

- 尝试个人运动，或者不需要整个团队参与的运动，比如跑步或打网球。
- 尝试一些你也许会喜欢的非竞技运动。简单、有趣的非竞技运动会让你更放松。
- 去散散步。即使只是在社区里面，也会有一个未知的世界在等着你去探索。
- 去远足。我所说的远足基本上就是在有一片树的地方散步。
- 拾起你小时候喜欢玩的游戏，比如捉迷藏或儿童足球。你最好保护好自己，因为它有时会带来痛苦，甚至更糟糕的结果！

- 和你的朋友一起参加一些与体育运动有关的社交活动。比如，一起骑自行车或去滑轮滑。
- 你还可以玩那种需要你原地跳跃、奔跑或跳舞的游戏。
- 探索一些与运动有关的玩法，比如花样滑板，前提是你要佩戴防护装备。
- 夏天去游泳。如果你有一段时间没有活动了，那么游泳是一个特别好的选择，因为关节可以很轻松地做游泳的动作。
- 逛商场。是的，你没看错，逛商场也是一种很好的锻炼。一些商场甚至会提前开门，给步行者提供一个安全的行走环境。

如果愿意仔细思考，你甚至会想出更有趣的方法活动起来。不过首先请记住，每个人都有不同的体重、身高和体形。如果你能在年轻的时候养成爱护自己身体的好习惯，那么你长大之后会更健康，更快乐。

想迅速提高自己的身体机能？不要冒风险

想要练出更强壮的肌肉或成为运动健将是很正常的想法，但当你擅自使用药物时，你的身体会发生各种可怕的事情。睾丸会萎缩，乳房会变大，头发会脱落，你会慢慢变得抑郁，停止生长，甚至生病。有些药物的影响是可以消除的，但还有一些影响是不可逆的。

记住，一个健康的身体只能通过练习和训练，而不是药物来获得。所以，不要因为现在肱二头肌长得不够大而拿未来冒险。

打哈欠：男孩和睡眠

当你还小的时候，你的父母倾向于用严格的就寝时间来管束你。虽然现在你长大了，但你仍然需要按时睡觉，因为保持充足的睡眠这件事已经需要你自己来做了。

和你同龄的男孩平均每晚需要 10 个小时的睡眠才能保证正常的生长速度和身体健康，而你可能需要比平均水平多一点儿或少一点儿的睡眠时间。如果你早上起床很困难，在学校不能集中注意力，或在课堂上睡着了，这可能并不是因为你觉得课程无聊，只是单纯的睡眠不足。

如果你晚上睡不着怎么办？为自己定一个就寝时间吧。如果你每天晚上都做同样的事情，那么这件事就会和你的身体形成一种联结。时间一到，你的身体就会告诉你：“嘿，现在是睡觉时间了！”完整的睡觉流程应该是这样的：穿好睡衣，刷牙，跟父母说晚安，阅读15分钟，然后关灯，在下一个阳光明媚的日子醒来。

另一个能帮助你更快入睡、睡得更好的方法是远离电脑或手机屏幕！平板电脑或智能手机发出的光会让你的大脑保持清醒。蜷缩在被窝里，熬到半夜给最好的朋友发短信的确是一件很有趣的事情，但是当这些有趣的深夜变成令人烦躁的清晨时，可能就不太值得了。

小贴士

如果你经常睡到半夜才想起来自己还没有告诉沃克夫人下周不能给她的草坪割草之类的事情，可以在床边放一支笔和一张纸，这样你就可以把这些事情记下来。

尿床

事实上，比你想象中还要多得多的男孩到了十几岁的时候都还有尿床的问题。这件事是如此普遍，以至于有一个专有名词来描述它：夜间遗尿症。大多数情况下，这是因为你睡得很沉，但还有一些因素也会导致这种情况发生，包括大脑和膀胱交流信息延迟，控制尿道的激素含量较低，或者膀胱“容量”较小。也就是说，虽然你的膀胱大小可能正常，但当你睡着时，即使膀胱还没有充盈，它也会提前发出需要释放的信号。

有时候，夜间遗尿症是家族遗传的，所以如果你尿床，很可能你在家庭聚会上看到的某人也会尿床。

如果你有尿床的现象，试着和你身边的成年人谈谈。有很多简单的方法可以缓解尿床，但是在你尝试偏方或按自己的计划来阻止尿床之前，最好先去看看医生。这将使你在早晨和夜晚更安心。

在美国，大约有500 万 ~ 700 万 6 岁及以上的儿童患有原发性夜间遗尿症，也就是在夜间尿床。

专家说

关于睡个好觉的更多建议

● 睡前几个小时一定要远离咖啡因。你可能已经知道某些种类的苏打水里面含有咖啡因，但你是否知道巧克力和茶里面也有咖啡因呢？

● 睡前避免做刺激性的活动。对一些男孩来说，这可能意味着在睡觉前不要看动作片或恐怖片，或者读容易让人激动的书，也不要为了再多升一级去长时间地玩电子游戏。这些事情都很有趣，但它们并不能让你在睡前真正放松。

● 睡前一定要避免争吵或做一些可能会让你情绪低落的事情。

● 睡前一定要收拾好书包，并且把你第二天要穿的衣服放好。如果你认为自己可能会忘记一些事情（比如为一个特殊项目准备材料），记得写一张便条。

● 睡前一定要避免看屏幕，这会让你的大脑很难进入平静的睡眠状态。

第三章

朋友和感受

通常在这个年纪，大人们会告诉你："你要成为一个男人了，不能再哭哭啼啼了。"

即使那些让你不要再哭泣的人是你的祖父母或你爱的人，也不意味着他们真的清楚自己在说什么。记住，你不必忍住所有的眼泪。事实上，大哭一场有时候是很必要的。哭泣是释放强烈情绪的一种方式，如果你没有这种释放，它就会给你的身心健康带来问题。

不幸的是，如果你在有些人面前哭泣，他们会让你感觉更糟，他们对你的取笑也会让你感觉更痛苦。如果你身边有很多这样的人，记住，结交一个真正的好朋友是有帮助的。作为友谊的一部分，你们可以互相承诺为彼此提供一个安全空间，并且永远不会在对方哭泣的时候取笑他。

你要知道的事

你因悲伤而流的泪水和你眼睛发酸流出的眼泪所含的化学物质不同，哭泣会释放出你的身体想要摆脱的化学物质。把哭泣当成是扔垃圾，这样会让你的身体感觉更好。不要一直带着垃圾，如果你想哭那就哭吧。

我快把自己逼疯了：处理失控的情绪

虽然适当释放自己的情绪很重要，但你和父母可能都会因为你进入青春期后的喜怒无常感到挫败。这一分钟你可能会觉得烦躁不安，甚至想要离家出走，但下一分钟你又想拥抱每个人，并且跳一段欢快的舞蹈。尽管你的老师、父母，还有本书，都告诉你这是一种正常现象，但对你来说，情绪大起大落仍然不是一件有趣的事。

如果你发现自己很难控制自己的情绪，你可以让父母或监护人帮助你想出处理压力的策略。有时候，非常简单的措施就能让你感觉好很多。

例如，有时写压力日志是有帮助的，它基本上是一个迷你日历，你可以在感到特别焦虑的时候，记录那些困扰你的事情。这可以帮助你找到引发焦虑的原因。举个例子，如果你总是在周四晚上感到压力很大，而你不知道为什么，那么写一份压力日志可能会让你意识到，你的压力来源于周五的数学突击测验，而你学数学学得最吃力。如果你知道这一点，你就可以利用这些信息找出减压的方法。进而，你会试图寻找更多学习数学的方法，这样数学考试会越来越简单，你的压力也会越来越小。

所以，记住，处理压力的关键是要弄清楚是什么给你带来了焦虑，并试着把它们变得简单起来。

虽然处理生活中让你感到失控的事情是情绪管理的一部分（这是鼓励你与自己的情绪和平共处的复杂说法），但是你仍然会受到情绪余波的影响。这里有一些可以帮助你平复情绪的措施。

- 尽量不要太累或太饿。饥饿和疲劳本身就会导致脾气暴躁，一旦它们与你的激素相遇，就让事情变得更糟！如果你感觉情绪开始失控，先给自己准备一份健康的无糖零食和一大杯水。有时候，仅仅花一分钟坐下来

吃点儿东西，喝点儿水，就能够让你的情绪回归正常。

● 感觉没有好坏之分，它们就是这样。没错，感到快乐比感到悲伤舒服多了，但是觉得难过并没有错。事实上，感觉能帮你认识自己和你身处的世界，例如，如果你和某位朋友待在一起时总是感到恼怒或生气，也许你需要和那个朋友谈谈你们俩之间发生的事情。

● 写日记可以帮助你处理强烈的情绪。记录你当下的感受不仅可以帮助你释放一些额外的情绪能量，还可以帮助你想清楚这些情绪产生的原因。如果你担心有人会看到你写的东西，那就找个有锁的好地方把日记藏起来。另外，把日记带去学校可能不是个好主意，如果你的书包丢了，你可能会因此泄露自己的秘密。

● 有时候，运动可以帮助你大幅度释放积压的情绪，让你如释重负，这一点可是其他方法都难以达到的，甚至这可能就是学校设置课间休息的原因！你可以打篮球，骑自行车，甚至只是散会儿步。如果你在家里，不能做这些事情，别担心，对着枕头大喊大叫也能产生奇妙的作用。

● 聊天也有帮助。如果你只是想发泄一下，那么你最好的朋友可以帮到你。如果你需要一些指导或建议，值得信赖的、尊重你界限的成年人也是不错的选择。如果你的情绪非常强烈，一位受过训练的专业人士，比如学校辅导员或心理咨询师能够帮助你梳理情绪，并提供一些建议，使你的情感生活更加容易。

● 如果其他方法都不起作用，那就参加一些有趣的活动，把你的注意力从这些强烈的情绪中转移。你可以演奏乐器，听你最喜欢的音乐，阅读书籍，或完成一个艺术项目。

另一个非常有效的方法可以让你远离压力，那就是时刻记住一个更大的目标或者你正在为之长期奋斗的事情。假如你是一个非常关心动物的男孩，你的目标是帮助当地一家收容所的五只宠物狗找到愿意收养它们的人。当你正在外面张贴告示告诉人们小狗的事时，突然下起雨来，你可能会觉得这场雨有点儿烦，但可能不会感觉压力太大，除非你太担心小狗了。更大的目标可以让你不去为那些无法控制的小事感到烦闷。

交朋友

在青春期，许多男孩都会发现他们已经到了一个必须结交新朋友的年纪。

有的时候，当你升入一所更大的中学，就不得不面临这种情况。因为以前经常和你玩的那群孩子被分到了和你不同的班级甚至其他学校，你们的时间表也不再相同。有的时候，你还会发现，之前经常一起玩的那群人开始做你不喜欢的事情，所以你需要去寻找志同道合的新朋友。还有的时候你会发现自己的兴趣和以前不一样了，这让你和老朋友不再有任何共同的爱好。

不管是什么原因，结交新朋友可能会让你感到不安，但最终都会带来回报。

如果你在结交朋友或维持友情方面遇到困难，你可以试着列出自己在寻找朋友时看重的品质，例如幽默感、共同的兴趣爱好、脾气随和，然后看看周围有谁具备这些品质。有时候，新朋友可能是你意想不到的人。

有些友谊可能偶然之间就产生了，但更多的时候你需要付出特别的努力才能获得友情。做一个友好的人（例如向人们挥手打招呼，微笑，和他们开开小玩笑）会是一个好的开始。此外，你

诚信可靠是寻找新朋友时必须考量的重要品质。如果你不能信任某人，那么他很难成为你的好朋友。

专家说

应该对潜在的新朋友保持兴趣，去问问他喜欢什么，不喜欢什么，最近状态如何，或者放学后他喜欢做些什么。

巩固友谊的方法之一是和朋友一起做一些除了看电视和玩电子游戏之外的事情。你要记住，那些没有太多互动的活动无法帮助你了解朋友。所以，你可以和朋友一起去公园、下棋、玩桌游，或者一起做手工。

如果你想改变自己的“朋友圈”，可以从结交一些新朋友开始。尝试和新认识的人一起吃午饭，在课间和他们聊聊天，这些方式可以帮助你迅速找到你和他们的共同点。

小贴士

不要因为别人不跟你打招呼就认为他们不想和你做朋友。这个人可能真的很害羞，不敢迈出第一步。

交友技巧

有时候，和你关注的人成为好朋友是一件很自然的事，但是有一些技巧可以帮助你更长久地维持友谊。

例如，每个人都有可能在一段友谊中犯错。当我们累了或者生气的时候，我们会说出一些并不是出自本心的话，或者让善意的玩笑变得有点儿过分。这时候，保护友谊的最可靠方法之一就是当你做了伤害朋友感情的事时，立即向他道歉。当然，道歉时最好不要在说“对不起”之后加上“但是……”，然后给对方分析他哪里做错了。这不是真正的道歉！这种道歉只会让争论继续下去。

另一种有助于维持友谊的方法是在分歧变大之前就解决它们。如果朋

友借了你的棒球手套，但没有在约定好的时间还给你，那么你最好在他第一次没有准时归还的时候就提醒他，而不要等到他第十次都没有按时归还才对他发脾气。事实上，如果你不直接告诉他，他可能都无法意识到他已经惹你生气了。

维持友谊的另一个重要基石就是，无论对方遭遇了什么事，都要做一个好的倾听者。当你的朋友遇到困难时，大多数时候，他们不需要你提供建议，也不需要你帮他们想出解决问题的办法。他们需要的仅仅是你能够静静地坐着，听他们倾诉。但倾听有时候并没有那么简单，比如你的朋友可能想谈论一部你认为很愚蠢的电影，当你喊着“太无聊啦”打断这段聊天时，你的朋友可能会一笑了之，但是当他对你以牙还牙的时候，你就会感觉有点儿难受了。如果你愿意付出更多的努力去倾听你的朋友说些了什么，你可能会对这段聊天更感兴趣，并且认为这部电影并没有你想象中的那么愚蠢。

当你的朋友们正在经历低谷时，你也可以主动帮助他们完成那些让他们觉得很难完成的任务。不过首先要让他们告诉你，你到底能为他们做些什么。例如，如果你的朋友摔断了胳膊，不得不在医院待上几天，你可以这样说：“我可以去学校帮你拿作业，或者给你拿几本杂志来读，你看还有什么我可以帮你做的吗？”

就像你的朋友希望你在他们有压力的时候陪在他们身边一样，你也应该对你的朋友抱有同样的期望。如果你需要帮助，记得打电话给他们。如果他们需要帮助，你也要记得陪在他们身边。你们将一起面对成长过程中的许多挑战。

身体语言与倾听

当你和他人（朋友、老师、父母或其他成年人）交谈时，要认真倾听，而不是只等着轮到自己说话，这很重要。在别人说完后等一会儿再开口可以让你们的交流更有效。但如果你对这段对话感到十分兴奋或紧张，那你可能很难等对方说完再开口。

提问是推动对话的好方法。当你试着去理解这段对话的时候，你会很自然地提问。当然，你也可以说："哇，接下来发生了什么？""那你当时是怎么说的？"或者："这个故事后面讲了什么？"

尽量避免给对方一些听起来很无聊的回应，比如"啊哈"或者"啊……嗯……"，这会让对方误以为你在想别的事情，即使你并没有！

成为一个好的倾听者还需要学习解读肢体语言。我相信你在过去的日子里已经学过很多次了！想象这样一个场景：如果你的朋友的双手攥紧，脸色通红，嘴里却说着"我没事"，那么你就会发现他们的言行并不一致。这时候你应该再问一个问题以确认他们的状态，也可以拍着他们的肩膀安慰他们。

当然，你的肢体语言也很重要！

如果你的朋友、老师或家人正在和你说话，但你坐立不安，东张西望，或者一直摆弄手机，这都会让他们觉得你对他们说的话不感兴趣。在别人面前抱着手臂，会让人觉得你对他们谈论的事情不赞同，甚至会让人觉得你生气了。

当别人说话的时候，你应该身体稍微倾向对方，并在他们说话的时候保持眼神交流，不过也不要直勾勾地盯着那个人看，那看起来真的很奇怪。你只需要自然地看着他们的眼睛，他们就知道你在倾听。

早恋一定会来吗？

有时，人们会在青春期给男孩施加压力，让他们开始用不同的方式来看待女孩，或者暗示他们与女孩交往的方式必须改变。

在人生的这个阶段，你可能已经开始迷恋女孩子了，但也有可能对所谓的“浪漫”不感兴趣。

青春期是你开始探索人与人的关系，并且进一步了解自己的阶段。不要在人际关系方面给自己太大压力，也不要早早地学着成年人的样子约会。如果你真的觉得某个人很好，可以先试着和对方做朋友。尝试跟对方一起进行各种各样有趣的活动，逐渐了解对方的为人。但两个人一起看电影并不是了解对方的最佳方式，因为会失去大部分的聊天时间。事实上，如果你们能够跟几个朋友一起参加一些团体活动，双方的压力都会比两个人单独相处要小一些。

好消息是，无论你是否对异性同学有好感，无论你是否对青春期产生的心动感兴趣，当你长大以后，这段时间积累的交友技巧都会帮你找到真正值得喜欢的人。

做自己的主人

一个男孩在青春期中期的生活就像坐过山车，可能前一分钟你还觉得超级开心，下一分钟你就会觉得特别难过。加上你的身体正在经历很多变化，你正在青春期的波动里苦苦经营自己的友谊。

这都是很大的挑战。

在青春期的几年里，积极的（甚至是不断增长的）自主能力可以让你

的每一天过得更顺利，即使这些日子并不总是那么容易。自主能力是一个非常简单的概念：它代表着你能够意识到或感觉到自己的力量，遇到任何事情都能努力去解决。

即使你有了一定的自主能力，你仍然会面临很多青春期的问题。你会有自己无法控制的青春痘，你曾经的朋友可能最终不再是你的朋友，你的篮球队也会难免输掉比赛。

但当你拥有自主能力时：

- 你知道自己可以控制生活中的一些事情。
- 当你需要做出改变的时候，你知道自己可以做出改变，这样你就可以越过障碍，或者直接踢翻障碍。
- 当你无法改变现状时，你会找到面对现实的方法，而不会因为生活中的不如意怨天尤人。

要知道，你身边的成年人从你还是个婴儿的时候就一直陪伴你，重视培养你的自主能力，这是一种宝贵的生命能量，有些事情可以帮助你培养这种能力。

- 读一些关于像你这样的男孩克服困难并取得成功的书（可以是小说，但非小说作品更好）。你可以关注一下，书中的人在克服困难的过程中得到了什么样的帮助，他们如何使用自己可以获得的资源，以及当他们感到沮丧时做了些什么……阅读是一个非常好的习惯，你一定会从书籍中获得对你成长有益的东西。

- 和那些喜欢你的性格、喜欢你这个人、跟你关系紧密的人保持联系，并且让他们知道你有多感激他们的陪伴。

- 尽量少和那些让你失望的朋友在一起。一群人当中总有一个想成为焦点的男孩（或女孩，或成年人），他总是试图控制别人的行为，打乱别人的步调，让每个人的生活变得复杂，并且在这个世界不与他合作时变得疯狂。当你们刚开始成为朋友的时候，这个人通常表现得很有魅力，也很有趣。但是，当你们产生分歧的时候，你会发现他总是把所有的错都丢给你。

- 学习如何寻求帮助。没有哪个男孩能独自完成所有的事情，如果什么都能自己做，合作还有什么意义呢?

- 找一些有挑战性的活动。有时候，如果你只上自己确保能获得高分的课程，或者只参与自己一直都在练习的某项运动，可能会很轻松。但如果你不去克服更困难的问题，你就不会成长。成长也意味着不断走出舒适区，不断挑战自己。

- 向你生活中的成年人寻求帮助，让他们告诉你那些生活中的困难是如何帮你成长的，以及如何以更加积极的方式让你成长。有句老话说得好，“那些打不垮你的，只会让你更强大”。这似乎有些夸张，因为有些伤害虽然不会给身体造成损伤，比如父母离婚，但不一定会让你变得更强大，反而或许会让你更疲惫、更伤心。

但是生活中的很多挑战，都可以激励你更深入地挖掘自己的潜力，帮助你找到更多的激情或能量。

个人原则与个人边界

没有父母或监护人在场的时间渐渐占据了你生活的大部分，你必须通过树立明确的个人原则和界限来保护自己。

你需要明白的一点是，你只能在经过他人允许后才有资格触碰他们。你的身体属于你自己，没有你的同意或许可，别人也没有权利碰你。同样的，其他人的身体（包括大人和孩子）也是他们自己的，没有他们的许可，你也不应该随意触碰他们。

即使你是出于开玩笑，随意触碰他人也是不可以的。例如，当一个女孩第一次穿胸罩时，男孩可能会觉得隔着她的衬衫拉扯肩带会很好玩，但这对女孩子来说一点儿都不好玩，也不好笑，事实上还会对她们造成伤害，因为你在未经她们同意的情况下触碰了她们。

尊重他人的身体非常重要，同样重要的还有尊重他人的隐私，这是另一种形式的界限。如果没有获得别人的许可，不要翻看他们的手机或其他东西，或者强迫他们谈论不想谈论的事情或回答不想回答的问题。

你可以把别人的身体、私人空间、所有物和个人想法想象成他们随身携带的小房子。我相信，你不会在不敲门或者没有询问是否可以进入的情况下闯入别人的房子。所以你也应该先询问并且在获得许可之后，再进入其他人的“边界小屋”。

第四章

他们到底想让我怎样？家里也变了

你可能已经注意到，这本书提及你身边的成年人或者监护人的频率，和提及父母双亲的频率一样。这是因为，不是所有的男孩都是由父母养大的。有些男孩是由单亲、养父母或其他人抚养长大的。我们想让这样的孩子明白，这本书也是为他们而写的。每个家庭都是独特的，都与其他家庭不一样，但重要的是你的生活中有值得信赖的成年人。

从一个孩子变为成年人的过程，也是需要你为生活中越来越多的事情承担更多责任的过程。这种情况会一直持续到你能够自己为大部分日常琐事做决定的时候，也就是老话所说的，“你成了自己的主人”。但事实上，这也并不代表你可以为所欲为。我们生活在一个复杂的社会，即使你已经成年了，你依然要遵守规则，也还是会被一些人强制去做一些事，比如工作中的领导等。当然，你的领导可能不会给你规定就寝时间，或者告诉你可以看什么样的电视节目。

男生的责任

男孩进入青春期后，他们与父母之间的多数日常冲突都围绕着责任这个词。例如，父母会认为男孩还不会选择看什么电影或参加什么聚会，但男孩会认为他已经可以独立做出选择了。这种矛盾的观点听起来是不是很熟悉？是的，因为这种观点反过来说也是对的。父母可能认为男孩已经足够大了，可以修剪草坪或倒垃圾了，但男孩会认为对他这个年龄的人来说，需要承担的责任太多了。

对青少年来说，和未成年人以及成年人之间发生一些冲突是正常的，甚至是健康的。随着年龄的增长，孩子们需要做的是慢慢学会自己处理事情，直到他们能够独立生活。而父母需要做的是给孩子充满爱的引导，为他们设置一定的限制，确保他们真的准备好一个人生活了。

你可能已经注意到自己无法控制父母的行为，但是你可以控制自己的行为。为了让父母允许你做更多自己想做的事情，你可以增加父母对你的信任感。最简单的方法就是当你说要去做点儿什么的时候，你真的去做了：如果你同意在放学后给弟弟辅导作业，那就真的花时间去帮助他，即使你宁愿拿这些时间去看电视；如果你的父母给你规定了回家的时间，那么就算其他人的回家时间比你晚，而且他们都在叫你再多待几分钟，你也要确保自己能够准时到家；如果你跟父母说自己要去参加一个聚会，那就准时参加那个聚会；如果你想去别的地方，需要事先打个电话得到父母的允许。

小贴士

当你和朋友出去玩的时候，记得给父母打个电话或发条信息，告诉他们你现在的位置和状态。你应该时刻为摆脱可能出现的危险准备一些措施。

家里的规矩

回家的时间通常是成年人和孩子之间的热点问题。这也是你学习妥协艺术的绝佳时机。有时候，如果父母知道你在外面是安全的，他们会同意让你晚点儿回来。你可以和他们一起探讨一下，如果你去参加的聚会上有孩子喝酒，或者这个聚会没有成年人参与，你将会怎么做。如果他们知道你有办法保证自己的安全，他们会更放心，也会更加灵活地规定你的回家时间。

如果你和父母经常为家里的规矩争吵不休，你可以去问问他们对你的具体期望。例如，成年人制定的一个普遍规则是“孩子必须保持他们的房间干净”。好吧，对你来说，干净可能意味着地毯上没有长出霉斑甚至蘑菇。但对父母来说，干净可能意味着你应该每天整理床铺，每周用吸尘器清扫房间两次。这就成了你们争吵的源头。

你要知道的事

13 岁男孩的平均回家时间是工作日晚上 8 点，或周末晚上 9 点。

做家务

大多数家庭都希望孩子们能帮忙做点儿家务，比如晚饭后收拾碗筷，或者打扫房间，甚至帮助父母打理自家的小商铺等。这些期望可能会成为男孩和父母之间冲突的根源，因为如果男孩帮忙做家务，就会减少花在社交上的时间。

幸运的是，有一些方法可以让大家坐下来商量商量家务事，这样父母和孩子都会觉得自己的需求得到了一定满足。

如果你和父母在家务事上纷争不断，那就开个家庭会议讨论一下吧。你需要提前准备会议，思考一下哪些方面需要改变，哪些方面的妥协对你来说是可以承受的。如果你愿意做一些额外的家务，就可以帮助父母使整个家庭更加顺畅地运转，也可以让你与父母的沟通容易起来。例如，如果帮父母做晚饭让你感到时间紧张，不方便，迫使你必须在运动后尽快回家，那也许你可以问问父母，能不能换个时间做家务。

如果你的父母抱怨你在家务方面做得不好，不妨仔细地询问他们希望你做点儿什么。然后，你可以试着列一个清单，把每件事分解成几个小部分，在做的时候确保每一项都完成了。

男孩说

我从父母那里得到的零用钱是根据我每周完成的家务数量决定的，如果我想赚更多的钱，就必须做更多的家务。这对我和父母来说都是公平的。我做家务也很快乐，学会了很多生活技能。

——13 岁的德韦恩

如何与兄弟姐妹相处?

有时候，兄弟姐妹真的让人很恼火！如果他们不经过你的允许就拿走你的东西，不打招呼就进入你的房间，或者在你有朋友来访时打扰你，这都会让你非常不高兴。

你的哥哥姐姐会对你颐指气使，干涉你要做的事，而你的弟弟妹妹可能会顺手拿走你的东西，或者在你需要休息、想独处的时候一直在你周围跑跑闹闹。

和兄弟姐妹一起玩真的很有意思，但这并不意味着和兄弟姐妹相处起来很容易。

做好下面这些事情可能让你们的相处更愉快。

- 年纪较小的孩子通常会觉得哥哥姐姐们能享受更多的乐趣，做任何他们想做的事情。而哥哥姐姐们经常会认为家里的小孩子得到了父母更多的关注。请你记住，无论你在家中有没有兄弟姐妹，你的一生都会遇到好事和坏事，这些事情到最后都是公平的。

- 如果你既为自己的兄弟姐妹感到骄傲，同时又嫉妒他们，不要为此困惑，这很正常。如果你嫉妒兄弟姐妹的成就，记得提醒自己，

小贴士

如果你和兄弟姐妹住在同一个房间，可以保留一小部分区域作为你的私人空间。即使只是壁橱的一角或者书桌的某个区域，有一个专属的地方来存放私人物品可以让你感到更加安全，也可以减少冲突。

你也有他们没有的特殊技能和才华。

- 你知道你可以和兄弟姐妹一起制定秘密规则吗？举个例子，如果你和兄弟在互相取笑对方时发生了矛盾，那你们可以约定永远不要在外人（其他非家庭成员）面前取笑对方，或者约定永远不要在某些事情上取笑对方。

- 如果你在遇到困难时向你的哥哥姐姐们求助，他们真的可以帮助你渡过困难，让你变得轻松起来。如果你是家里的老大，记得在你的弟弟妹妹像你现在这么大的时候陪在他们身边。

你现在可能不相信，但你的兄弟姐妹也会是你一生中的挚友。在你长大后的岁月里，你一定会感受到兄弟姐妹的珍贵之处。

怎么才能让爸妈听我说句话?

你还能做些什么来改善自己和父母的关系呢?其实有如下很多你可以做的事情。

● 如果你陷入困境,尽早向父母坦白并寻求帮助。你要记住,你难免会犯错误,而大多数父母都知道这一点,掩饰自己的困境会导致更大的灾难。

● 告诉他们你的感受。你可能会觉得他们能读懂你的心思,但事实上他们不能。

● 父母也是普通人,所以请像对待普通人一样对待父母。试着聊聊他们感兴趣的事情,或者询问他们小时候的事情。

● 尽量不要对他们翻白眼。翻白眼常常会让最冷静的父母抓狂。

● 如果你正处于一场即将演变成争吵的讨论中,休息一下,让自己冷静下来。

● 倾听父母在说什么,有不懂的就问他们。你要表现出自己在努力理解他们的话。

● 不要事事都同父母争论。你不可能关注到每一件事,所以不要在一些不太重要的事情上大谈特谈。你要让父母觉得你并不是在无意义地抱怨他们制定的每一条规则。这样,当你提出一个问题时,他们才会更仔细地倾听。

第五章

不断变化的世界，不断变化的你

你还记得自己第一天上幼儿园的情形吗？你可能会担心自己无法及时上厕所，经常想家，或者怕生。但现在你已经能够成功应对这些挑战，所以我相信，即使你发现在学校的每一年都伴随着新的挑战和进步，你也只会有一点点沮丧。

随着年龄的增长，父母、老师，甚至你自己都会越来越多地谈论到成绩。有些学校会用“满意”或“需要改进”来评价每个低年级孩子的成绩。随着学习科目变多，学校的评分标准也会越来越复杂，有时甚至“不通人情”，尤其如果有些人在学校表现得不好，这种成绩就会给他们带来麻烦。根据你所在的地区，你可能还需要参加所谓的重大考试，或者参加一些你需要通过才能升入下一个年级，甚至从初中或高中毕业的测试。

有时，有一些男孩觉得取得好成绩是一件不够酷的事，就强迫自己和同学不好好学习。如果这种情况发生在你身上，一定要告诉你信任的成年人。这可能是一个很难处理的情况，特别是你的好朋友会因为你获得好成绩取笑你。你可能听说过“同伴压力”，它的意思是指一些孩子对其他孩子施加压力，要求他们像自己一样生活、做事或穿衣服，取笑你的好成绩就是一个经典的例子。在这种时候，成年人能做的是帮助你想办法结识一些和你

一样喜欢学习，也不介意被其他人认为很“厉害”的孩子。同时，你还可以请老师少夸奖你一些。因为老师有时喜欢在其他孩子面前表扬那些优秀的学生，但他们可能并没有意识到这种表扬给人带来的麻烦。

的确，对小学高年级或初中阶段的男孩来说，学校生活在某些方面可能比较困难，但也会有许多令人激动的事情。你会学到更多有趣的课程，让你有机会接触一些新鲜的事情，比如学习一种乐器。另外，你还有机会和其他同学一起玩，一起学习，提高你的某些才能，甚至会意外地挖掘到你自己都不知道的新才能。

学习的确是一种技能

遗憾的是，这本书没有足够长的篇幅记录所有的学习技巧。因此，如果你有兴趣了解更多学习方法和学习技巧，可以请老师或家长提供给你与这个主题有关的书籍。为了更高效地利用学习时间，你现在就可以做一些简单的事情。

- 关于家庭作业，你需要知道的第一件事就是自己今天到底有哪些家庭作业。你可以把所有的作业都记在一个小笔记本上，这样就不用去费尽心思地回忆有哪些作业了。尽量不要把笔记本弄丢！

- 每天都在相对固定的时间

段学习。对一些孩子来说，他们习惯于在放学回家后立刻开始学习，而另一些孩子可能需要休息，因此他们更喜欢先吃点儿东西，放松一段时间或做点儿家务之后再埋头读书。

● 找一个安全、安静、能让你聚精会神的地方学习。

● 不要拖延，尤其是不要拖着暑假作业、寒假作业到开学前再写。如果你这样做，万一遇到任何问题或者不理解的知识，你将没有时间去寻找这些问题的答案。

● 你是否在做作业的时候很难集中注意力？如果是，那么你可以用计时器来帮助你养成坚持的好习惯。如果你讨厌数学，那你可以给自己一个承诺，告诉自己只要坚持做 30 分钟的数学作业，就可以休息一下，或者允许自己去做一些更有趣的事情。

● 除非你真的必须使用电脑来完成作业，最好选择一个远离互联网的地方。毕竟，多看一个教小狗滑水的视频总是会比学习数学更有趣。你也可以使用网站屏蔽软件，这样你就不会总是被诱惑去查看社交网站，被“就看一分钟”耗费掉许多时间。

小贴士

随身携带一个小笔记本。当然，如果你需要的话，你也可以选择一个更大的笔记本。你可以在笔记本上列出所有需要完成的作业，并在完成作业的时候把它们一一划掉。你在放学后查看笔记本时，如果发现所有的一切都安排妥当了，你就会享受到有计划、有条理的乐趣。你也可以用笔记本来提醒自己每天早上需要带到学校的东西。

关于成绩这件事儿，你了解多少？

● 如果你取得了好成绩，就说明你学到了很多，如果你的成绩很糟糕，那说明你什么也没学到。

正确还是错误？

答案：错误！分数只是你学习成果的一种体现，但它并不是最完美的体现方式。有时候，你在弱势科目上取得的微小进步，比你在优势科目上一直名列前茅更能体现你的学习成果。

● 即使是非常聪明的孩子，有时也会考不好，或在学习上遇到困难。

真的还是假的？

答案：真的！成绩单上的分数并不能完全说明一个人是“愚蠢”还是“聪明”。智力分为很多种，有时候学习对你来说可能不那么容易，但你要相信自己在别的地方会有长处，即使你还没有发现它们。

● 如果你在一门课上得了很差的分数，那就放弃这门课，甚至留级，换学校，因为你没有办法改变你的成绩。

正确还是错误？

答案：错误！如果你某门课的成绩不好，这并不意味着你不擅长那门课，也不意味着你那门课的成绩会一直这么低。你可以和老师谈一谈，看看有什么方法可以帮助你提高成绩。

我认为如果一个人无法在今天比昨天更聪明，那他就不会有什么了不起的成就。

——亚伯拉罕·林肯

(Abraham Lincoln)

● 你应该喜欢所有的科目。如果不能同时喜欢数学和语文，你就会面临非常严重的问题。

正确还是错误？

答案：错误！你会喜欢某些科目，也会讨厌某些科目，这是很正常的。毕竟，从幼儿园开始，大人们就会经常问你最喜欢什么科目。一个人怎么可能喜欢所有科目呢？事实上，如果你先做最不喜欢的科目的作业，那么你就可以把更喜欢的科目的作业当作给自己的奖励了。

● 如果你在学校里遇到困难，你可以从哪里得到帮助？

a. 下课后去找老师

b. 夏令营的伙伴

c. 课后学习小组的同学

d. 社区图书馆

e. 家中的成年人

f. 动物园喂狮子的人

是的，你猜对了，除了f，其他方法都可以。其实你也可以去问动物园里的那个人，但是请不要在他喂狮子的时候分散他的注意力。

有学习障碍？要学会寻求帮助

在学习新知识时，有些男孩通过阅读能获得更好的学习效果，另一些男孩通过实验获得更好的学习效果，还有一些男孩可能会发现自己更容易记住在歌曲或节目中听到的信息。

虽然每个男孩都有自己独特的学习方式，但有些男孩会在学习中遇到特殊的挑战，它被称为学习障碍。学习障碍会使大脑在处理信息时感到困难。但请记住，有学习障碍并不意味着你不聪明，这只意味着你在学习中需要特殊的帮助。比如，你可能需要药物来帮助自己克服某些学习障碍的症状，或者需要比常人更长的时间来参加考试，或者需要一位受过特殊训练的老师来帮助你找到合适的学习策略。

某些学习障碍也会影响你与其他孩子的交流和玩耍，因为你可能无法理解他们说的话背后更深的含义。例如，一些男孩可能无法分辨其他孩子什么时候是在开玩笑，什么时候是认真的。

学校和家庭可以通过许多方式帮助有学习障碍的男孩。学校可以给每个有学习障碍的孩子做一份个人学习计划，它可以列出每个孩子需要在学校得到的支持和帮助。个人学习计划可以让所有帮助孩子学习的人聚在一起，为孩子制订出最恰当的学习计划。因此，如果你被诊断出患有学习障碍，你也可以制订属于自己的个人学习计划。此外，你也需要多和身边的成年人交流，探讨一下学习对你来说有多难，又有什么办法可以让学习变得容易一点儿。也许想让自己更加轻松地面对学习障碍这件事并不容易，但是学会坚持自己的想法，为你想要的东西而奋斗，对任何一个男孩来说都是宝贵的经历。

如果你有学习障碍，那么完成某些科目的家庭作业对你来说会很困难，但是请记住，你可以在其他事情上做得很棒，不必因为在某方面有困难影响对自己的看法，觉得自己很糟糕！一个男孩可能要花很长时间才能完成数学测验，但他在阅读方面的速度或许比同年级的其他人都要快。一个在人际交往方面有困难的人一般独自完成作业的速度会很快，甚至可以毫不费力地学习很难的课程。

有时，成年人或其他孩子会对你的特殊课程感到好奇。但是，这也并不代表你必须回答每个好奇的人提出的问题，除了那些有必要知道这件事的人（比如你的老师），或者你主动告知他们这件事的人（能够给你提供支持的一两个朋友），你并不需要告诉所有人你的大脑有什么不同。如果你想向那些愿意支持你的人解释你的学习障碍，你可以请老师帮你写一份简短的说明。虽然你不需要处处分享它，但有这份说明在，你会比较方便。

如何与老师相处?

如果你想和一个成年人聊天，但又不希望聊得太久耽误自己做其他事情，千万不要问他们小时候最喜欢的老师或最不喜欢的老师之类的问题，因为这些问题通常会引出很长的故事，让你难以脱身。

你可能很难想象，成年人会如此充满感情地谈论很久以前的事情。这其实也能告诉你，对所有的孩子来说，老师是多么重要。我希望你已经遇到了自己真正喜欢的老师。当然，你也难免遇到过一些不太喜欢的老师。没关系，这都很正常。

虽然你没法选择自己的老师，但是当你的师生关系出现问题时，你可以选择做点儿什么。

如果老师让你感到神经紧张，你会觉得不服气，老师又不是你的老板，却总给你压迫感。但是当你在学校的时候，他们的确是你的“老板”。如果你和老师相处有困难，试着把它看作是一次学习与成年人沟通的重要机会。和有些男孩不得不跟他不喜欢的老师学习知识一样，有些成年人也不得不去为他们不喜欢的老板工作。我知道这对你来说可能不容易，但也有一些小技巧可以让你的学校生活更顺利。

虽然喜欢一些老师和讨厌一些老师是正常现象，但如果和老师的关系影响到你的学业，你也可以采取一些措施来改善这种情况。如果你和老师相处有困难，你可以试着给老师一点儿时间。特别是在学年开始的时候，这时候每位老师都有很多事情要做，比如制订授课计划，给同学们分发课本。你可能会发现，当所有的事情都准备妥当之后，老师的行为表现也会有所不同。因为每个男孩和每位老师都是不一样的，所以如果想建立一段良好的关系，需要你们去花时间了解彼此。

既然你只能改变自己的行为，不妨先反思一下自己。回忆一下，你是否准时到校？你是否按时完成家庭作业？你对老师有礼貌吗？当你遇到不理解的东西时，你会向老师提问吗？如果你对以上所有问题中的任何一个回答是否定的，就先改变自己的行为吧。如果你知道老师讨厌什么，那就不要明知故犯，这会有助于你们相处。

如果过了一段时间，情况似乎还是没有好转，那就去找一位你信任的成年人聊聊吧。你之前应该已经和同龄人聊过了，这当然有助于释放压力，但你的同龄人可能没有相关经验，不能帮助你解决这个问题。

如果这些方法都没有用，去找一位值得信任的成年人帮你安排一次和老师的见面。用这种方法的前提是你身边有一位可以理解你，并且在你陷入困境时能帮你分析问题的成年人。他的存在可以帮助你和老师直接谈论这个问题。

在完成学业的过程中，你会遇到一些自己很愿意亲近的老师，也会遇到一些迫不及待地想在学期末跟他们道别的老师。如果你能从不同类型的老师那里学到东西，你就会拥有一些非常重要的生活技能，这些技能在以后的人生里会对你有很大的帮助。

非体育活动

你说你不喜欢体育运动？没关系，你也可以尝试这些：

- 为校报撰稿；
- 为学校的年刊拍照；
- 在学校的象棋队或象棋兴趣小组下棋；
- 参加合唱队；
- 出演校园剧，为校园剧制作布景或设计服装；
- 竞选学生会主席；
- 帮助社团策划舞会或其他有趣的活动（很多学校都有类似这样的社团）；
- 在兴趣小组中学习如何使用和安装电子设备；
- 学习另一种文化和语言。

不只有学习，你还有课外活动

在这个阶段，上学是你的主要任务。有时候，一些男孩会在学习上感到吃力，可能感受到浓浓的挫败感。但是在学校生活的这段日子里，你还可以通过参加一些课外活动来释放压力，学习新事物。最重要的是，你要记住，生活不只有学习。当你逐渐长大，也可以在学校参加不同的活动，交到好朋友，学习自己感兴趣的知识。

下面是一些能够让你的课外活动更加特别的小建议。

- 不要太严肃地看待课外活动。就算你并不喜欢，参加一些有组织的外部活动，的确可以帮助你提高自律能力，也可以让你学习如何做事。但是，如果你在课外活动时太过专注于获得胜利，而不是单纯地享受其中的乐趣，

你就会错过很多真正有价值的学习机会。生活处处都在给你施加压力，所以不要再给自己增加额外的压力了！

● 尊重你的学业。老师们经常会说，课外兼职会导致孩子们的成绩变差，并且因为疲惫无心学习。所以，随着你慢慢长大，如果真的想要去做兼职，那么你最好选择那些时间相对自由的工作，这不会太耽误学习。

● 把不同类型的运动混合起来。试着去参加一些非常耗费体力的活动。在青春期这段时间，你可以尝试很多不同类型的活动，并最终找到你真正喜欢的那一种。

● 利用课外活动思索自己更喜欢什么职业，但不要急于做出决定。如果你想成为一名医生或护士，你可以阅读一些简单的医学书籍。（有些国家的医院会招收青少年志愿者入院服务或学习。）不过，如果你在 13 岁时无法忍受医院的气味，也并不意味着你上大学时仍然无法接受它们。所以耐心点儿，你有足够的时间去成长和探索！

● 当你在寻找可以尝试的课外活动时，记得跳出固有的思维框架去思考。记住，你不需要非得擅长运动或者加入啦啦队才能交到好朋友。试试加入校报、为学校的刊物拍照、竞选学生会主席，甚至加入学校的象棋队。

● 为你的生活设定一段“休息时间”。在这段时间里，你可以什么都不用做，只是把和朋友一起出去玩当作正事。每个人都需要一段真正放松的时间，来缓解那些周密安排的活动带来的压力，特别是青少年。

穿出属于你的风度

在你很小的时候，你穿的衣服是妈妈帮你挑选的。但随着年龄的增长，用衣服来彰显自己的性格也成了你关注的事情之一。尝试不同风格的服装，看看什么才是最适合你的那一种，也是件很有趣的事。但总穿校服的你也没必要为此担忧，随着你渐渐成长，你终会找到自己的风格。

破洞牛仔裤，或者其他牛仔裤表现了一种鲜明的风格。西装会彰显另一种风格。形成个人风格的诀窍是把你要穿的衣服和你想要传达的信息搭配起来。

我们并不是说仅仅根据衣着评价人是公平的，不幸的是，人们的确会这么做。你可能认为个人风格可以向外界传递出“我本人很酷，所以就算我穿一件被染色的保暖衬衫也无所谓”的态度。但对其他人来说，这种穿着可能代表着你很懒惰或粗心，即使你并不是这样的。

你早上穿好衣服之后，问问你自己，这身衣服能传递给别人什么样的信息。如果你认为人们可能会得到错误的信息，那么可以通过改变穿衣风格来改变你想传递的信息。

我的衣服传递给了别人什么样的信息？

第六章

在真实世界和网络世界里保护自己

在整本书中，我们不断提到，在青春期，每个男孩随着生理变化而发生的社会变化。在这个阶段，男孩会更多地和朋友在一起，而不是和父母或其他家人在一起。随着年龄的增长，仍像以前一样腻在父母或祖父母身边会让人感到奇怪，但你可能很快就会找到与他们建立新关系的方式，这种关系说明你不再是小孩子，而是正在变为一个成年人。

与成年人交流

你可能觉得和家里的大人不再像以前那么亲密了，这很正常。但尽量不要把你的家人完全排除在自己的生活之外。也许你不会把妈妈当成讨论学校发生的小麻烦的第一人选，但是你仍然可以和她分享你的一天。当你需要更多至关重要的支持时，这些日常的交流将成为你未来与成人建立友谊的基石。

即使你正在变得独立起来，这也并不意味着你的生活中不再需要成年人。事实上，对你来说，现在更重要的是身边有可靠的、值得依赖的成年人。

你需要这样的成年人：不仅能让你和他待在一起的时候感到安全，而且还能在某种程度上支持你的想法，帮助你成长，推动你成为更好的自己。你肯定会好奇，这种成年人在哪里能够找到呢？其实你的生活里就有这些人：老师、亲戚、教练……你也可以认识朋友的父母、姑姑、婶婶、祖父母、高中或大学阶段的老师。

在与成年人建立友谊时，你们之间的交流方式与你和朋友的会有些不同。许多成年人不喜欢与工作中认识的年轻人在社交媒体上联络，例如老师们可能只会接受来自以前学生的好友申请，而不是现在的学生。这只是为了保护你们彼此的隐私，算不上有什么私人恩怨。

另外，成年人可能愿意，也可能不愿意和你发短信讨论计划或交换信息。在某种程度上，根据成年人对社交软件的使用习惯和对网络流行元素的了解，你可能没法用文字缩写或表情包与他们顺畅沟通。此外，当你给成年人发信息或电子邮件的时候，一定要确保你使用了称谓，例如老师、叔叔、阿姨等。

你与生活中的成年人建立关系时，还需要考虑个人安全，这是非常非常重要的一点。你要记住：成年人的职业或他们与你的关系都不代表你和他们待在一起是绝对安全的。孩子们有时会被本该保护他们的人伤害。成年人让人觉得安全的前提，是他们可以尊重你的界限。

不管是在学校、课外活动中帮助你的成年人，还是你的家人，他们都不应该要求你对你和他们之间的友谊保密。你与一个成年人的友谊应该不像你与同龄人的友谊那样随意。

我希望你已经被告知过很多次，你的身体是你自己的，没有人有权利以一种让你感到困惑、悲伤、不舒服或害怕的方式触摸你。除了在医院里做必需的检查，任何人都不应该在任何地方触摸你的隐私部位，就是通常被泳衣覆盖住的部位。即使那个人是你家人的朋友、亲戚，或对你很好的人，特别关心你的人，他们也依然没有权利碰你的这些部位。如果有人试图用一种让你感觉不舒服的方式触摸你，你要记住，这不是你的错。若一个成年人不尊重你的隐私部位，那么即使他再怎么狡辩说这是你的错，你也不要相信。这从来就不是你的问题。如果这种情况发生在你身上，你需要尽快告诉你的父母或其他你信任的成年人。

来自同伴的压力

关于来自同伴的压力，你最需要记住的一点是，不管是什么事，都不一定需要人人都去做。抵制来自同伴的压力是很困难的，有一些男孩说这是他们在青春期这几年遇到的最困难的事情之一。这里有一些技巧，你可以用来应付那些强迫你做不喜欢的事的同学。

- 在一些不是特别重要的事情上学会说“不”。这将帮助你塑造一个不随大流的形象。如果这些孩子知道你不会屈服于群体压力，那么他们通常会停止对你施加压力，否则会让他们看起来很愚蠢。

- 把自己从压力情境中解脱出来，远离那些你不想做的事情。在课间休息时，如果你知道坐在角落的男孩们正在商量整蛊同学，而你不想成为他们的帮凶，就不要从他们身边经过。你最好绕路走。

- 让你的好朋友或值得信赖的成年人来帮忙一起想办法，想出一些在孩子们试图让你做自己不想做的事情时你应该说的话，并且将这些话写在卡片上随身携带，以提醒自己什么时候该说什么。

- 寻找一个与你一样承受同伴压力的伙伴。在你十分艰难地对别人都说“好”的事情说“不”的时候，你需要有这样一个同伴，他能够接受你的观点，并且站出来表示他也不会这么做。有一个人站在你这边的感觉和自己一个人站出来的感觉完全不同。因此，如果你有这样的朋友，一定要和他一起坚定地做正确的事。

- 你不必详细解释自己做的每一个决定。有时候，仅仅说一句“不，谢谢”，就能让对话结束了。记住，“不”本身就是一个完整的句子。

- 如果你很难对别人说“不”，那就提醒自己你是在对什么说“好”。

不！

例如，对香烟说“不”就是对清新的呼吸和健康的肺说“好”。

- 最后，请记住，即使是成年人也不得不应对来自同伴的压力，所以现在学习如何去应对这一切虽然很难，但它将在未来给予你巨大的回报。

对自己充满信心是帮助你应对同伴压力的“重要武器”。当你参与到更多活动中，并且找到了自己真正擅长的事情时，你就能更加了解自己，了解自己在生活中到底想要什么。因此，你也会更有力量去抵抗压力。

面对校园霸凌，如何保护自己？

校园霸凌和同伴压力是两种不同的东西，尽管有时你感觉它们很相似：通常而言，校园霸凌是同伴压力上升到更高程度时发生的事。如果另一个孩子对你说，你不和他们一起抽烟，你就一点儿也不酷，这就是同伴给的压力。但如果另一个孩子威胁说你不抽烟就要揍你，这就是霸凌。

不过霸凌不仅仅包括身体上的威胁，有些人还会说很多你的坏话来欺负你。他们可以通过传播一个与你有关的，一旦泄露出去就会让你遇到麻烦的秘密对你造成威胁。在你的储物柜上写脏话也是霸凌。如果你受到了霸凌，你可能会感到绝望，但你可以做一些事情来保护自己。

你要记住，被欺负绝不是你的错，你必须相信这一点。如果你为自己感到羞愧，或者为他们想要欺负你的事感到羞愧，这对欺负你的人来说是最有利的。

如果你被霸凌了，记得马上告诉你的父母、老师或其他你信任的成年人。如果求助的成年人没有采取任何行动，那就去告诉别的成年人，直到有成年人能够为你提供帮助。

不管大多数霸凌发生在哪里，你都最好尽量多和其他同学待在一起。如果你在学校被霸凌了，让朋友陪你走到班门口。如果你在家附近被欺负了，那就不要一个人，而是尽量和一群孩子一起回家。如果你在公交车上被欺负了，那就不要坐在后面，坐在靠近司机或售票员的位置。

无论霸凌你的人取笑你什么或欺负你什么，你都要寻求自己所属群体的支持。例如，如果你因为取得好成绩而被嘲笑，就多和成绩好的同学交流。首先，你们的人数决定了你通常会是安全的，其次，作为额外的收获，你还可以趁机看看他们如何面对嘲笑。

由于没有人愿意站出来说一句“停止你们的霸凌”，所以那些霸凌者经常有恃无恐。研究表明，只要有一个孩子站出来维护被欺负的孩子，霸凌行为就不会愈演愈烈。

你可以做那个走上前说“停”的孩子。是的，这需要勇气。同样，这也会把你自己推入霸凌者的视线中。所以在保护好自己的前提下，报警、告诉师长来阻止霸凌行为就是帮助他人，也会让你充满自豪感。而且，如果你被欺负了，肯定也希望有人为你挺身而出。而如果你经常帮助他人，就会有更多的人来帮你。

勇敢但不恃强凌弱

中学生活对很多男孩来说都很艰难，因为你处于男孩和男人这两个身份之间。你还不是一个成年人，但你也绝不再是一个孩子了。你虽然还没有参与那些大学生喜欢的有趣活动，但你也不会像在小学里一样只是学习基础知识。你还没有像大学生那样更自主，不会像他们一样花费时间来对抗父母定下的规则和施加的压力，但事实上，你对父母的依恋也已经不像一两年前那么强烈了。

所有因为界于男孩和男人之间造成的自尊心不稳定，是导致初高中校园霸凌和同龄人压力急剧增加的原因之一。大多数时候，在学校里被霸凌会非常煎熬，但更重要的是你不要成为一个霸凌别人的人。许多霸凌别人的孩子曾经都是受到霸凌的人，他们接过了那根刻薄的、折磨人的“接力棒”，只是为了让自己感觉更好。

无论何时，当你越过某人的界限时（不管对方是男孩还是女孩），你就是霸凌者。如同你有权决定谁触碰你的身体一样，其

男孩说

我试着友好地对待每一个人，不管他们受不受欢迎。这样，当我去上课或者经过走廊的时候，总会遇到认识的人。我知道我从不孤单。

——15 岁的安德鲁

小贴士

避免陷入自责的最好方法，就是多看看自己的优点，真正重视自己。发现和发展自己的天赋和技能可以帮助你更自信，学会用积极的方式与自己对话也同样有效。

他人也同样有权决定谁能够触碰他们。你不应该因为他人不愿意被触摸而对他拳打脚踢。你也不能在未经他人准许的情况下亲吻对方，更不能按住对方的身体或者在对方不想被挠痒时去挠他们的痒痒。

当你拥有比别人更多的优势时，你要更加谨慎。因为一般人更加难以对比自己体格健壮的人，或比自己年纪大的人，或有更多朋友在身边的人说“不”。

如果有男孩看起来很怕你，想方设法避开你，或者如果你觉得自己从班上其他孩子那里感受到的恐惧多于尊重，那么你可能已经做过类似霸凌的事了。这种时候你应该去询问一个值得信任、愿意和你聊聊这些事的成年人，问一下他们是否可以帮助你改善这种行为，并且重新建立健康的友谊关系。

有时候你之所以被认为是个霸凌者，仅仅是因为你和那些喜欢折磨、戏弄别人的人一起玩。一旦你看到有人对其他学生很刻薄，你就很容易和他们做同样的事情。如果你正在这个圈子里，不要犹豫，去向你信任的老师或其他成年人求助，让他们帮忙制订一个逃离这个朋友圈的计划。

为了个人安全，一定要保持这些界限

听成年人谈论这个世界有多危险可能有点儿无聊。但对孩子们来说，很多危险是真实存在的。当然，并不是世界上的一切都是危险的，也不是世界上的每个人都会对孩子做坏事。但是，为了让自己感到安全，也为了保证自己的安全，你需要学习如何识别安全与不安全的行为，同时，你也需要给自己筑好一道安全的围墙。

一些成年人和孩子难免会做一些越界的事——在未经你允许的情况下获取你的私人信息。例如，如果你的朋友拿你的手机查看你的短信，这就是一种越界行为，因为他没有尊重你的隐私权。你可以直接对朋友说这种行为让你感觉不太舒服。你也可以从自己做起，不去窥探朋友的私人邮件、短信或社交软件信息，这可以让你周围的人感到安全。如果你担心朋友在你背后做了什么或说了什么，通过偷看他们的私人信息来验证你的猜测对你们的友谊是没有好处的。如果你和他们坦诚相待，说出你的担忧，那么即使他们说的话可能会让你伤心，你也能够更清楚地理解他们的想法，并且进一步加深你们的友谊。

除此之外，你还可以做一些事情来保护你的隐私界限。例如，你要牢牢记住：不随意与陌生人交谈，不乘坐你不太熟悉的人的车，不接受不认识的成年人送的礼物。你还应该确保不要把自己的任何个人信息透露给他人，包括你通过网络发布的信息，填写竞赛报名表或在网上公布的个人信息时同样要慎重。

当你放学后独自一人在家，或者你的父母由于工作不在家时，你最好不要到处宣扬这件事。如果有任何称自己是警察或维修人员的人来敲门，在问清楚父母是否叫过警察或维修人员之前，不要给对方开门。如果你对他们有任何疑问，记住，不要开门，告诉他改天再来吧。

好好经营自己，好好保护自己

当一个成年人说“嗯，那个人可真是出风头了啊”时，他说的不一定是什么好事。但是，就像你可以在朋友间或者在学校里出风头一样，你也可以通过每天的行动为自己树立友善、诚实的形象。即使你无法控制别人对你的评价，你仍然可以尽力给别人留下好印象。为什么要关注自己的形象？良好的形象的确很重要，因为它能提高人们对你的信任感。一个拥有好名声的男孩不仅会赢得大家的信任，还会获得大家的喜爱。良好的品格和好性格是你树立良好形象的基石。有很多事情可以帮你塑造好性格，但最重要的包括以下几点。

- 以真诚的态度对待朋友、家人和其他成年人。当你不得不面对坏结果时，对他人诚实就显得很重要。

- 以负责的态度去做事情，特别是做你自己愿意去做的事，即使它很困难。

- 为了实现长远目标，培养自制力，学会忍受追逐过程中的枯燥和痛苦，比如为了升学顺利，每天好好完成家庭作业。

- 不要卷入八卦新闻。的确，有时候成年人说的“做作男孩”是指身边有问题的男孩。如果你想减少你自己生活中的八卦新闻，那么你就得降低背后议论别人的频率。这可能是一个很难改掉的习惯，但它会让你的生活更简单。

上网也要学会保护自己

互联网是一个非常神奇的地方。在这里，你可以与朋友和身在远方的家人聊天，也可以通过它更加深入地了解自己的兴趣爱好，还可以在网上玩游戏，把看到的热点新闻分享给你的朋友，甚至可以看很多有趣的视频。

但是，你需要永远记住的一件事是，你在网络上发布或分享的任何消息，都意味着这些消息不再是你的隐私。

在你发布信息或照片之前，先问问你自己：如果全世界的人都知道我现在说的事情，或者看到这张照片，也就是说，不仅仅是要接收我信息或照片的人，还有我的家人、老师、校长，我的每一个朋友，我的邻居，甚至是完全不认识的陌生人都会看见这些信息或照片，我能接受吗？

即使你使用的是可以匿名的程序或网站，设置了发布的内容在被观看后自动销毁，这也并不总能保护好你的隐私。你要知道，任何东西都可以被截图保存，因此它一旦出现在某个软件上，那它就会永远在那里留下痕迹。你会因此完全失去对个人信息的控制，任何人都可以分享或传播你的信息。你的信息可以形成一条数字痕迹，这条数字痕迹在你点击发送后很长一段时间内都会跟随你。

你要明白的是，数字痕迹不一定是故意为你制造麻烦的。能让你分享照片的人通常是你最好的朋友，他不会背叛你，也不会在未经你允许的情况下就把照片传播出去。但是，如果好朋友在学校丢失了手机，照片落入他人之手，会发生什么呢？即使只是一张你早上醒来时头发竖起来的照片，你也不一定想让世界上的每个人都看到它。

你还要记住：你在网上遇到的每个人几乎都是陌生人。相信你还记得，身边值得信赖的成年人已经警告过你不要和陌生人说话，对吗？所以如果你在现实生活中不认识的人在网上联系你，想和你见面，记得不要单独行动，而应去告诉你信任的成年人。毕竟在网上，任何人都可以说自己是一个孩子，甚至可以用别人的照片来伪造个人资料。

如果你玩的在线游戏还有其他你不认识的玩家，那你更要特别小心，注意不要让你的网名泄露任何信息，并确保你知道如何举报游戏中的辱骂行为或网络欺凌。

此外，在通过手机或电脑向他人分享个人信息的时候，你需要更加谨慎小心，比如在不同的社交媒体网站上签到，可能会泄露你当前所在的位置，或者发布“在家人外出时看恐怖电影，听到任何噪音就跳起来，哈哈哈”之类的信息，会泄露你一个人在家的事实。

在社交软件上尊重朋友和家人的界限也很重要。在发布内容之前，记

得向你的朋友确认是否可以在照片中标记他们的位置，在他们的留言板上发布内容、回复他们的帖子或分享的内容时也要更加谨慎。

最后，为你的社交软件设置一个别人很难猜出的密码，并且经常更换。有一种简单的方法可以让你记住一个密码，那就是使用一个完整的句子，里面包括标点符号，甚至可以把一些字母替换成数字。比起一串随机数字或你的生日，类似“Il0vemyd0gFid0”的密码更容易让你记住，也更难让别人猜中或破解。

记住，永远不要把你的生日或者名字设置为密码。

网络暴力

网络暴力是一种利用电子技术，如手机、电脑或其他任何可以用来上网的设备进行欺凌的行为。这与日常生活中的面对面欺凌并无太大区别，但有时它会比面对面欺凌造成更严重的伤害。原因如下。

● 网络暴力可能发生在任何时间、任何地点。这就是说，即使你不在那些欺负你的人身边，你也会感到恐惧或受到威胁。

● 在网络世界里，消息可以在短时间内广泛传播。

● 网络暴力可以长时间、不间断地传播，让校园霸凌更加严重。

● 参与网络暴力的人不用面对他们所伤害的人，这更容易导致欺凌行为的失控。

● 在网上，人们可以很轻易地发布匿名信息或用虚假资料来隐藏自己的真实身份，因此欺凌者就不必为自己的行为负责。

那么，对于网络暴力，你能做些什么呢？和现实生活中的欺凌一样，成为网络暴力的受害者绝不是你的错，但是你可以做一些事情来保护自己和你关心的人。

● 说点儿什么。如果有人威胁你，散布关于你的谣言，分享你的私人

信息，转发你的留言，甚至参与到针对你的网络暴力中，你要立即屏蔽欺凌者发布的内容（如果能做到的话），然后向应用程序开发商举报他们违反“服务条款”。在大多数针对你这个年龄阶段的孩子设计的应用程序中，举报选项应该非常容易找到。如果可能的话，记得屏蔽那些欺凌者的账号，然后立即去告诉一个你信任的成年人。信息和流言在互联网上传播的速度很快，所以及时采取行动很重要。

● 保护好个人信息。当你使用公用电脑时，一定要选择不保存密码并在使用结束后退出登录。这也告诉你，不要因为外界某些因素，去分享任何你不想和全世界的人分享的照片或信息。

● 不要参与任何形式的网络欺凌，尽你的全力保护其他孩子。不要用你的手机去拍下那些孩子们打架的视频，你应该去找一个成年人来阻止他们。

● 如果有人发布了一些关于某人的有害的或私人的信息，不要点赞或分享它。如果你知道有人编造了一套虚假的个人资料，并利用它来欺凌他人，去告诉一个你信任的成年人。

成为网络暴力的受害者或欺凌者，都会对你的未来造成严重的后果。一些网络暴力的受害者被迫转学或关闭所有的社交媒体账户，还有一些欺凌者被赶出学校，甚至进了监狱。所以，请你在网络世界中保证自己的安全。

暂时脱离“屏幕生活”

通过智能手机让世界触手可及的美妙之处在于，你可以随时联系到任何你想要联系的人，但缺点是世界上的其他人也能随时找到你！

特别是当你逐渐进入青春期，在家庭之外建立自己的社交圈子时，社交就会成为你日常生活的重心，几乎近似于你的一份工作了。尽管这可能会是一份有趣的工作，但它的本质仍然是一份工作。如果你一周 7 天，每天 24 小时都在使用手机，而且几乎每时每刻都在线，这就相当于在夜以继日地工作。但即使是熟知大脑运作的脑外科医生也需要休息，更何况是你呢？

下面列举了一些方法可以让你掌控你的数字化生活，而不是让它来掌控你。

- 确保你与朋友之间有面对面的对话，而不只是通过发信息交流。的确，文字的存在让你有时间去思考每一次互动，以及它是如何被理解的，如何表达了你的意思，但是实时的、真实的对话更自然，也更加有趣。
- 在晚上，将手机设置为飞行模式，或使用请勿打扰的功能。如果你担心错过紧急电话，你可以把手机设置为允许你指定的人来电，或允许同一个人在短时间（比如 3 分钟）内再次来电。
- 偶尔享受没有屏幕的日子。你应该为自己保留一些私人时间，你不需要每时每刻都为你认识的人服务。也许偶尔没空会给你增添一种神秘感。
- 如果你想获得更多远离屏幕的时间，但又很难把自己从电子设备中拉出来，那就去找父母或其他值得信赖的成年人来帮助你一起抵抗电子设备的诱惑吧。你还可以在家里设置一个“手机放置区”，当你打算睡觉或做作业时，你可以把手机或平板电脑放在那里。如果你有一篇很长的论文要写，并且你已经完成了所有的在线调查，那就让家里的成年人来担任你的“网站屏蔽软件”，让他们暂时更改网络密码，让你专心工作。

● 也许你还不知道，社会学家已经研究过社交媒体如何影响我们每天的感受。结果发现，那些在社交媒体上花费时间最多的人实际上是最孤独的人。研究人员提出了这样一个理论，人们在社交媒体上进行各种交流的过程就像是在进行真实的社交活动，但这个过程并不完全具备在现实生活中与他人交往时的社交特质。这就像你在非常非常饿的时候吃棉花糖，而不是坐下来吃一顿真正的饭一样，棉花糖和饭的意义是不能等同的。当然，你可以通过提升社交的质量而不是数量来避免这种情况。所以，不要去试图占领所有社交网站，挑一两个最适合你的就可以了。这样，你就可以过滤掉那些你只见过一两次的人，而和那些真正值得交往的人做朋友。记住，你应该利用社交软件为现实生活的活动服务，而不是用它代替现实生活中的活动。

● 试着去听听音乐会、看电影，或者和朋友出去玩，但不要频繁地把照片发到社交媒体上。这是一种不同的体验，你可以用不同的方式享受它。

第七章

由混乱席卷来的压力

每个男孩都有和其他男孩完全不同的大脑与身体，这是毫无争议的事实。这也是你成为你自己的原因。每个男孩也会有自己特有的长处与不足，有擅长的事情，也有不擅长的事情。这可能表现在学业方面，例如有的男孩文笔很好，可以轻松写出一篇长达 10 页的文章，但也有一些男孩写几句话都会感到很难。这样的差异也可能体现在体育方面，有些男孩体力好，不需要付出艰苦的努力就可以拿到很好的体育成绩。

不同的个体，不同的思想

有的差异可能体现在身体机能上。举例来说，有些患有注意缺陷多动障碍（ADHD，也称为多动症）的男生，很难安静地坐下，并且保持专注。为了在校园里保持良好的状态，这些男孩甚至需要借助药物才能集中注意力来完成功课。如果你也和这些男孩一样，请记住，你的大脑没有任何问题，它只是有一点儿与众不同。

有些男孩的大脑理解能力稍差，也不太明白友谊和沟通到底有什么用。还有些男孩会患孤独症，他们需要一定的药物治疗，或者需要周围人用特定的方式与他们交流，或者需要在更适合他们的学校里学习。

头脑与身体的异常不一定会给人带来压力。但当生活在大环境中，人们没有花时间想一想如何接纳这些不同的人时，这些头脑与身体的差异就会形成压力。

例如，一个男孩的身体和他班上的其他孩子有些不同：他没有办法用双腿行走，而是需要轮椅代步。如果他住在一楼，公寓楼入口有无障碍通道，他使用轮椅出入家中不会有太大困难。但当他进入高中的第一天，发现教学楼只有楼梯时，压力就随之而来。很显然，并不是轮椅给男孩带来了压力，而是由于学校的建设者没有考虑到这种情况。

如果你因为自己的大脑或身体的运转方式和别人不同而感到压力很大，请记住，每个人都会遇到挑战。不管在外人看来如何，事实上，没有一个人的大脑或身体是完美的。世界上的每一个人都在为一些事情挣扎，所以，当你多花点儿时间去了解别人时，你就会知道自己并不孤单。

当一个大脑或身体方面与你存在差异的男孩和你一起上课，或者一起坐公交车，或者和你住在同一个小区时，你应该做些什么？也许你会不确定应该怎么对待他，其实并不是只有一种方法可以与他交流，因为每个男孩都是独立的个体，你和每个人的交流方式也会有许多不同，你需要站在

他人的立场上考虑一下他们的需求，用他们感到舒服的方式对待他们。如果你觉得他可能需要帮助，记得先问问他是否需要帮忙，并确定你听清了他的回答，不要自己假设他能不能做到某些事。

也许你懂得这些，但是如果你故意无视或取笑那些与你不同的孩子，你们都不会太好过。因为每个人都有感情，每个男孩都想要拥有朋友，也想被别人喜欢。你可能会发现，如果你花点儿心思去和一个有些“与众不同”的孩子交朋友，你会从友谊中收获更多。

搬家、转学

搬家是让人非常有压力的事情。当你的父母第一次告诉你要搬家的时候，你可能会生气，因为搬家会让你失去一些你早已习惯的东西。但一段时间过后，你也许会努力想一些理由，让自己明白搬家给你和你的家庭带来的好处。下面是你可以做的一些努力。

- 在网上查查你要搬去的新城市。看看你的新家附近有什么，有什么有趣的事情是你在现在的住处不能做的。你可以尝试使用一些很酷的地图软件，比如实景地图，它能让你看到你新家所在的街道、社区和城镇。

- 在网上查查你的新学校。看看你能不能记住老师们的名字和照片。如果可以，那你就会成为第一次见到老师时就知道他们名字的新生！

- 计划一下你要怎样装饰你的新房间，也许你可以尝试一下自己一直想试试的风格。

- 如果你们计划在夏季搬家，问一下你的父母新的小区有没有社区组织和活动，是否可以认识更多同小区的孩子。这样，你就不必等到开学再

男孩说

我马上就要读初二了，这感觉好像还不错。虽然在一开始的时候我很紧张，但是我加入了一个象棋俱乐部，并且在下象棋的过程中认识了两个非常好的朋友。

——16 岁的贾森

去交朋友了。

就像生活中的其他事情一样，你会发现，搬家既有好的一面，也会有不好的一面。你可能已经设想过了那些负面的事情，所以你也应该想到在新的“冒险”中也有一些好的事情。

- 这是一个重塑自我的机会。在你的新学校没有人知道你的任何事，没人知道你曾经输过比赛，或者在走廊上摔倒过。你可以重新梳理自己，成为你想成为的人。
- 你可以结交新朋友。只要仔细选择，你就会找到真正的朋友，他们会帮助你渡过成长中的难关。
- 这是一个和你的父母、兄弟姐妹更亲近的好机会。因为他们是你在新环境里唯一认识的人，多花点儿时间和他们在一起。你还可以玩游戏，探访你的街坊邻居，和那些爱你的人建立更紧密的关系。

父母离婚了

虽然离婚并不像电视剧里演的那样戏剧化，但对孩子来说，要度过这个阶段还是很艰难的。如果你的父母将要离婚，你需要记住的最重要的事就是：这件事绝对不是你的错。离婚是大人们出于他们自己的原因做出的选择。也许你很优秀，从来没有取笑过你的妹妹，又或许你经常欺负妹妹，这都不会阻止或导致你的父母离婚。

父母的关系破裂，孩子通常会被牵扯，你需要习惯以后不再有一个家，而是有两个家，甚至以后你不得不面对继父、继母或是新的兄弟姐妹。对你来说，也许一开始的时候会很艰难。如果你为此感到烦恼，直接与父母进行沟通是很重要的，如果你通过做坏事来发泄自己的情绪，或许会赢得你想要的关注，但这些关注只会是消极的而不是积极的。

父母离婚是孩子们面临的最有压力的事件之一，但是有很多方法可以让这种情况变得尽可能简单。以下是几点建议：

● 如果父母之间无法和谐相处，好好商量离婚对一个家庭来说就更艰难了。所以，和你的父母商量一下，如果他们非要争吵，就选你不在场的时候。

● 接受那些终将发生的改变。你也许会转学甚至搬家，但当着眼于积极的方面时，你就可以很快适应新的生活。

● 当你的家庭分割为两个家庭之后，他们可能会面临一些经济上的问题，之后，你可能需要改变自己的消费习惯，也要调整在某些特殊时刻对礼物的期待。

● 找人聊聊。当你为父母的离婚而苦恼时，不要隐藏你的情绪，总会有人在乎你，并且希望给你帮助。

专家说

我的“高压”家庭

每个家庭都会有压力，但有些家庭需要处理的压力比其他家庭更多，例如，一些家庭不得不应付经济拮据的问题，有些家庭中的成员酗酒……

面对家庭内部绵绵不绝的压力，有时候即使家里的成年人非常努力，他们也很难遵守约定满足孩子所有的需要。有时候，这些成年人也需要外界的帮助，才能勉强做好父母。

如果你害怕家里的某个人，或者你的基本需求（衣服、食物、看病）没有得到满足，或者你的家人在某些方面压力过大，这时候找人聊一聊是非常重要的，你的老师和朋友都是很好的人选，你可以从他们开始。寻求帮助可能真的很难，但这也是非常勇敢的行为。生活在压力很大的家庭固然不能选择，但你需要让自己更强大，强大到足以战胜许多压力。

第八章

为你的未来做好准备！

一份课外兼职是能够帮助你扩展视野、赚钱，同时探索未来的可能性，为未来做准备的好方法。虽然你可能还太小，不能在商店或餐馆工作（这是西方的青少年最常见的两种兼职场所），但对于你这个年龄段的青少年来说，已经有很多工作可以做了。例如，你可以修剪草坪或铲雪，也可以为那些外出度假的人遛狗或浇花。

在征得父母同意，或确认工作来源和环境安全后，你可以从课外工作中学到三件最重要的事情：一是为你所做的工作负责，二是尽你所能做好自己的工作，三是了解到赚钱有多困难。这将使你学会感激父母给你的一切。最后，课外工作能够让你有更多的零花钱。

存钱、消费及其他艰难的决定

有一份课外兼职对你来说最大的好处之一就是，它可以让你存下一些钱。当然，你可以把自己赚到的钱存到一个特别的账户里，用作以后上大学的资金，还可以为自己现在需要或想要的小东西存钱。

花别人的钱很容易。你只要走进商店，挑选自己想要的东西，妈妈拿出她的信用卡，唰的一声付完款，这件东西就是你的了。然而，当你付出时间去挣钱的时候，你可能会对购物有不同的感想。当你为自己想要的东西存钱时，你就会明白买一双昂贵的鞋子或电子产品到底要花费多少。你还可能会发现这不仅仅是钱的问题，而是为了得到钱而付出的汗水。用修剪 25 块草坪付出的努力来换取自己想要的那双鞋真的值得吗？答案取决于你的个人经验。你可能会更喜欢也更珍惜这双鞋，也可能会觉得这双鞋根本不值那么多钱！

小贴士

与其把钱花在糖果和其他小东西上，不如把工作挣来的钱存起来，以后去买你真正想要的东西。当你存够了钱，买下第一台电脑的时候，你的朋友会很羡慕你的。

探索职业方向

参加课外活动的好处之一，是你可以更加了解自己，包括自己擅长做的事和喜欢做的事，这些事情可能与你需要定期学习的课程无关。除此之外，你还可以结识更多的成年人，了解一些未来你可能会考虑的职业。

但除了课外活动，你还有很多其他的方式来了解不同的职业。例如，如果你想以种植郁金香为生，但你住的地方不产郁金香，除了那些种植别的花的人，你不认识任何种其他植物的人。那你就去找一本关于种植郁金香的书，或者请一位成年人或老师帮助你在网上搜索这些信息。此外，一些大学还会在学校网站上为年轻学生提供就业信息。

即使此刻你脑中并没有任何与工作有关的想法，也不要担心。思考一下自己具备什么样的才能，以及你可以做些什么来培养这些才能，这些都对你未来的工作有帮助。在学校表现好，积极参与课外活动就是一个好的开始。

当你渐渐长大，你可能会对自己的工作有了确切的想法，但即使改变曾经的想法，也是可以的！事实上，有很多成年人在工作后也仍然不确定他们到底想做什么。

你要知道的事

上大学不一定会让你在未来拥有巨大财富，但它一定会是你的一笔人生财富。

大学，我来了（当然，还要再过几年）

你可能已经思考过上大学的事了，也可能还没有。其实现在还早，所以你应该试着对所有的可能性保持开放的心态。即使你家里没有人上过大学，或者你家里没有很多钱，但是你仍然可以通过高考获得接受高等教育的机会。你也可以考虑高等专科学校，学习一技之长。虽然并不是每个人都适合读大学，但上大学可以开阔你

的视野，让你注意到一些以前注意不到的职业。此外，良好的教育不仅可以帮助你找到一份较好的工作，还可以让你有更多的工作选择。

然而，拥有大学学历并不是找到一份自己喜欢的工作的唯一途径。有些工作需要专门的培训，但大学的课程里没有。有些工作（比如管道工）还需要经历一个学徒期。学徒期是指在一段时期内，向这个行业中有丰富经验的人学习，但这种学习通常不在正式的教室里进行。一般来说，需要经历学徒期的工作比在办公室里坐着的工作(会计或作家等)更能让你锻炼身体。因此,如果你是那种喜欢经常在户外活动，或者喜欢动手建造、修理东西的男孩，你可以去调查一下通过实践培训学习技能的工作类型。当你成年后，你会感谢自己在决定做什么工作之前，曾经花时间去探索过所有可能性，这些探索会影响你以后的生活。

男孩说

我一直以为我想成为一名律师……直到我上了大学。学习了外交课之后，我决定将来为大使馆工作。但我读高中的时候，甚至不知道有这种工作存在。

——21 岁的威廉

结语

在青春期，你会开始逐渐了解自己，并且发现自己有许多惊人的品质。你和这个星球上的其他任何人都不一样，正是这种独特性让你走上了成为一个真正的男人的道路，而不是靠你的肌肉或强硬的表现。

有些男人喜欢看体育比赛，有些男人喜欢做运动，也有一部分男人讨厌运动，他们宁愿把时间花在木工活或弹吉他上；有些男人认为花很臭，而有些男人则喜欢花时间来插花；有些男人喜欢打猎，有些男人则是素食主义者。这些人的生活方式都没有错。

尊重你内心选择的生活方式，多鼓励自己，夸奖自己。试着寻找那些欣赏你和值得你付出的人，和他们在一起。

你现在正在成长，未来还会有更多需要成长的地方。你正逐渐成长为一个强壮的、有同情心的、对世界有影响力的人物。